LES DEVX FRERES GEMEAVX, OV LES MENTEVRS QVI NE MENTENT POINT.

COMEDIE.

A PARIS,
Chez THOMAS IOLLY, au Palais, dans la petite Salle des Merciers, à la Palme & aux Armes d'Hollande.

M. DC. LXV.

AVEC PRIVILEGE DV ROY.

Il seroit que ie serois plus malle q[ue] ie [illegible]
e cependant

Extraict du Priuilege du Roy.

PAR Grace & Priuilege du Roy, donné à Paris le dernier Octobre 1664. Signé, Par le Roy en son conseil, GVITONNEAV. Il est permis à Nicolas Pepingué, Imprimeur & Marchand Libraire à Paris, d'imprimer, faire imprimer, vendre & debiter une Piece de Theatre, intitulée, *Les Deux Freres Iumeaux, ou les Menteurs qui ne mentent point*, pendant le temps & espace de sept années, à commencer du iour que ladite Piece sera acheuée d'imprimer pour la premiere fois; Et deffenses sont faites à toutes personnes de quelque qualité & condition qu'elles soient, d'imprimer, ny faire imprimer, vendre & debiter ladite Piece sans le consentement de l'Exposant, ou de ceux qui auront droict de luy, à peine de trois mil liures d'amende, confiscation des exemplaires, despens, dommages & interests, ainsi que plus au long il est porté audit Priuilege.

Et ledit N. Pepingué a associé audit present Priuilege Thomas Iolly, Guillaume de Luynes, & Gabriel Quinet, pour en joüir suiuant l'accord fait entr'eux.

Registré sur le Liure de la Communauté, suiuant l'Arrest de la Cour. Signé E. MARTIN, Syndic.

Acheué d'imprimer pour la premiere fois le 5. Decembre 1664.

Les Exemplaires ont esté fournis.

PERSONNAGES.

ISIDORE, homme Sçauant, Pere d'Hipolite.

EVTROPE, Pere d'Ismene.

HIPOLITE, Parisienne, Amoureuse du premi[er] Nicandre.

IACINTE, Suiuante d'Hipolite.

ISMENE Lyonnoise, vestuë en homme, Aman[te] du second Nicandre.

Le premier **NICANDRE**, Amant d'Hipolite.

Le second **NICANDRE**, Amant d'Ismene.

{ Freres Gemeaux, qui [se] ressemblent si fort, qu'o[n] les prend à tous momen[ts] l'vn pour l'autre, & qu[i] se rencontrent fortuite-ment à Paris, sans qu[e] l'vn ny l'autre le sçache, où ils s'habillent par ha-zard tous deux d'v[ne] mesme façon.

ROBIN, Valet du second Nicandre.

RAGOTIN, Valet du premier Nicandre duran[t] le premier Acte, puis Valet d'Ismene.

VN COMMISSAIRE.

VN SERGENT du Chastelet.

DES ARCHERS muets.

La Scene est en Prison.

LES MENTEVRS QVI NE MENTENT POINT, COMEDIE.

ACTE PREMIER.

SCENE PREMIERE.

HIPOLITE, IACINTE.

HIPOLITE.

Me trompois-je, Iacinte, est-ce là sa demeure ?

IACINTE.

C'est là mesme.

HIPOLITE.

Et tu dis qu'il viendra tout à l'heure?

IACINTE.

me suit.

HIPOLITE.

Ah, Iacinte !

IACINTE.

Et quoy donc....

HIPOLITE.

Ie me plains,
Ce que je ſouhaitois, à preſent ie le crains:
D'vne fille en aymant le mal-heur eſt extrême
Alors qu'elle eſt reduite à le dire elle méme,
Et que l'Objet charmant qui l'a comble d'ennuy
A donné de l'amour ſans en prendre pour luy.
Ie m'eſtois reſoluë à parler de ma flâme,
Mais Iacinte au moment.....

IACINTE.

Au moment, quoy Madam
A qui cherche à vous plaire expliquez voſtre ma
Mais?

HIPOLITE.

Mais ie ne croy pas que i'en parle jamai

IACINTE.

Courage; quand la choſe eſt ſi bien preparée,
Faire la ſcrupuleuſe, & la ſainte ſucrée?
Et que luy direz-vous, car il vient ſur mes pas?

HIPOLITE.

En ne luy diſant rien, que ne diray-je pas?
Quand on void ce qui plaiſt quoy qu'vne ame pro
jette
Les yeux ont vne voix ſi la langue eſt muëtte,
Et pour bien decouurir ſon aymable tourment
Affecter le ſilence eſt parler clairement.

IACINTE.

Et de cette façon vous croyez faire entendre...

Ie vous le disois bien i'apppercois ce Nicandre,
Il auance.

SCENE II.

Le premier NICANDRE, HIPOLITE, IACINTE, RAGOTIN.

Le premier NICANDRE.

MAdame, il doit m'estre bien doux
De iouir du bon-heur qui m'approche de vous;
Mais acheuez, de grace, & pour comble de joye
De vous mieux obeïr découurez vne voye,
Parlez.

RAGOTIN.

Comme elle parle, écoutez, Diablezot.

IACINTE.

Ma Maistresse, Monsieur, parle sans dire mot.

Le premier NICANDRE.

Dites-moi, sās frayeur ce que c'est qui vous touche,
Ie suis homme....

IACINTE.

Et là là, parlez-luy de la bouche,
Madame.

Le premier NICANDRE.

Vous croyez que me dire vn secret
C'est peut-estre.....

HIPOLITE.

Nicandre, éloignez ce valet.

Le premier NICANDRE, *à Ragotin.*

Dãs vne heure au plus tard tu viẽdras me repré

RAGOTIN.

Mais.....

Le premier NICANDRE.

Sors.

RAGOTIN.

Mais...,

Le premier NICANDRE.

Sors te dis-je, & te va faire pendre.

RAGOTIN.

Et vostre honneur, Monsieur, il est fort en dang
Quand on n'en a plus guere il le faut menager.

Le premier NICANDRE.

Qu'elle est belle ! vois-tu ? i'en ay l'ame surpris

RAGOTIN.

Déja de son honneur tout le reste agonise.
Qu'il est aspre !

Le premier NICANDRE.

Sors donc.

RAGOTIN.

Mais.

Le premier NICANDRE.

Encor vne fois?

RAGOTIN *s'en allant.*

Adieu l'honneur.

SCENE III.

HIPOLITE, *le premier* NICANDRE, IACINTE.

HIPOLITE.

Nicandre, & mes yeux, & ma voix...
Ie me sens interdite, & le charme qui brille....
Quand on est inquiette, & qu'on est vne fille....
Le merite sublime a pour moy tant d'appas....
I'ose... le trouble.... Et quoy, ne m'entendez-vo
pas?

Le premier NICANDRE.

Moy, Madame!

HIPOLITE.

Iacinte, il ne veut pas m'entend

IACINTE.

Parlez sans façonner, & vous faites comprendre
Aussi; car le moyen iusqu'icy qu'il ait pû?
Si vous dites deux mots c'est en baston rompu;
Laissez moy luy parler je suis bien plus hardie.
Permettez, ô Monsieur qu'à present ie vous
Ma Maitresse Hipolite a depuis peu de jours....
Quand on est en son âge, & qu'on resve toûjours
Ie ne puis deuiner; mais enfin ie suis seure....
A tous ses mouuemēs i'apercois qu'elle est meure
Ie ne sçay quoy pour elle a des charmes si dous..
Dites-moy, s'il vous plaist, Monsieur, m'entende
vous?

Le premier NICANDRE.

Me iouër c'est vous plaire, & ie m'offre moi même..

IACINTE.

A quoy tant de façons? ma Maistresse vous ayme.

Le premier NICANDRE.

Ciel!

HIPOLITE.

O Dieux!

IACINTE.

Dame, ô Dieux, ie ne puis niaiser.

Le premier NICANDRE.

Madame....

HIPOLITE.

Il n'est plus temps de vous rien déguiser.
Ie vous ayme; ce mot est sans doute blasmable;
Il m'échape à regret, mais il est veritable,
Ie vous ayme.

Le premier NICANDRE.

Est-il vray, m'aymez-vous?

HIPOLITE.

Ie l'ay dit.

Le premier NICANDRE.

De vos rares bontez je me sens interdit,
Mais, Madame....

IACINTE

Ce mais pourra bien la confondre.

HIPOLITE.

Mais enfin....

Le premier NICANDRE.

Mais enfin, ie ne puis y respondre.

IACINTE.

...ustement.

HIPOLITE.

M'expofer à ce honteux mépris,

...) Ciel !

Le premier NICANDRE.

De vos appas je connois tout le prix,
... me fauorifer voftre cœur fe difpofe,
...Mais vn ferment horrible à mon bon heur s'oppofe:
...our ne pas en douter écoutez feulement.

IACINTE.

...coutons.

Le premier NICANDRE.

D'où ie fors on viuoit noblement.

IACINTE.

...pres.

Le premier NICANDRE.

Ma mere eft morte, auffi bien que mon pere.

IACINTE.

...our cela.

Le premier NICANDRE.

De parens ie n'ay plus qu'vn feul frere.

IACINTE.

...é bien.

Le premier NICANDRE.

Ce frere & moy fommes freres jumeaux.

IACINTE.

...u'en eft-il?

Le premier NICANDRE.

Tous fes traits à mes traits font égaux.

IACINTE.

Eſt-ce tout?

Le premier NICANDRE.

Pour nos mœurs il en eſt tout de meſme.

IACINTE.

A la fin?

Le premier NICANDRE.

Ce qu'il ayme eſt auſſi ce que j'ayme.

IACINTE.

Et qu'importe?

Le premier NICANDRE.

Entre nous tout paroit ſi commun
Que pour voir tous les deux il ne faut en voir qu

IACINTE.

Quoy....

HIPOLITE *à Iacinte.*

Ne l'interromps plus qu'au plus viſte il ach
D'auoir dit mon ſecret je deteſte.

IACINTE.

Et ie cr
Il ſe paſme de ioye à preſent qu'il ſçait tout,
Voyez vous du depuis comme il tient ſon bon b
Le manœuure?

HIPOLITE.

Iacinte, eſt-ce là ta conduite?

Le premier NICANDRE.

De mon aſpre malheur pour apprendre la ſuite,
De ce frere ſi cher dont i'ignore le ſort,
De qui i'ay le viſage, & la voix, & le port;
De ce frere, en vn mot qui ſi fort me reſſemble

Qu'on nous prend l'vn pour l'autre à nous voir est
ensemble;
D'vn frere...

IACINTE.

Et foin du frere, & du frere eternel,
Concluez.

Le premier NICANDRE.

De mon frere vn serment solemnel
Madame....

HIPOLITE.

De ce frere vn serment vous engage..

Le premier NICANDRE.

Depuis plus de six ans ie voyage, il voyage,
Mais en nous separant nous iurasmes tous deux
De jamais à l'Hymen ne contraindre nos voeux
Que de l'vn, ou de l'autre vne bouche fidelle
De la mort ou la vie eut appris la nouuelle.
Voyez donc à mon sort quelle peine se joint,
Ie le cherche, il me cherche, & ne nous trouuõs poin
Ie ne puis deuiner quel endroit le recelle:
Et pour comble de maux ie vous trouue si belle,
Qu'il falcit que mon coeur qu'Hipolite asseruit
Ou iamais ne iurât, ou jamais ne vous vid.
Adieu Madame.

SCENE IV.

HIPOLITE, IACINTE.

HIPOLITE.

Hé bien, que dis-tu?

IACINTE.

Moy? i'enrage.

HIPOLITE.

Le ferment qu'il a fait de jamais,...

IACINTE.

Badinage.

Il se raille, Madame.

HIPOLITE.

Est-il vray?

IACINTE.

Tout de bon.

HIPOLITE.

Mais il m'ayme, tu vois.

IACINTE.

Luy? tarrare pompon.

Ie m'en suis apperceuë, il biaise, il bricole,
Quand il parle de frere il vous fiche la cole;
Ie vous le garentis franc donneur de canards.

HIPOLITE.

Tu crois donc que quelqu'autre ait surpris ses regards

IACINTE.

Si je le crois? vrayment; ce matois, ce Nicandre,...

SCENE V.

ISMENE *vestuë en homme*, HIPOLITE, IACINTE.

ISMENE *vestuë en homme*.

NIcandre! le seroit-ce? essayons de l'aprendre.
Ce Nicandre, Madame, à mon cœur est bien cher,
e le cherche.

HIPOLITE.

Hé Monsieur, vous pouuez le chercher
eu m'importe.

ISMENE.

Peut-estre, il vous plaist, il vous touche,
Auoüez.

IACINTE.

Dépeschez, que Monsieur se recouche,
s'il déplaist, c'est tãt pis, & s'il plaist, c'est tãt mieux.

ISMENE.

Ce n'est pas sans raison que ie suis curieux;
vous ayme?

HIPOLITE.

Peut-estre.

ISMENE, *bas*.

Il l'adore, le traistre.
Vous, l'aymez-vous, Madame, à vostre tour?

HIPOLITE.

Peut-estre.

ISMENE *à Iacinte.*

L'ayme-t-elle?

IACINTE.

Selon.

ISMENE.

Sera-t-il son époux?

IACINTE.

C'est selon.

ISMENE.

Iustes Dieux!

HIPOLITE.

Vous en estes jaloux?

ISMENE.

De celuy que ie dis si vous estes l'Epouse
Ie puis estre allarmée, & paroistre ialouse;
L'infidelle!

HIPOLITE.

Ialouse!

IACINTE.

Ah! Madame, voyez
Ce que c'est que nos yeux qui s'étoient fouruoyez
Elle est fille, elle mesme elle s'est éclaircie;
Ah le joly garçon par la superficie!
Qu'il est drosle!

HIPOLITE.

Elle est fille!

ISMENE.

Il est vray, je la suis

Et c

Et ce que vous aymez est ce que ie poursuis,
L'infidelle Nicandre....

HIPOLITE.

Acheuez, l'infidelle....

ISMENE.

Dans Lyon à ses yeux ie parus assez belle,
Ie luy plûs, il me plût, & dans vn mesme iour
Ie donné tout ensemble & receus de l'amour.
Il me void, me demande, & m'obtient de mon pere,
On nous veut épouser, & le traistre differe,
Et pour toutes raisons parle confusément
Et de frere semblable, & d'horrible serment:
Me soustient qu'il m'adore, ardament me conjure
De ne pas endurer qu'il deuienne parjure,
Et d'vne ame charmée, & qui l'ayme toujours
Pour rejoindre ce frere il exige huit jours;
Il me quitte, le traistre, & i'en sens mille peines,
Cependant du depuis i'ay compté huit semaines,
Et tel est de mon sort le cruel traitement
Que ie trouue Nicandre, & ie perds mon amant.

IACINTE *à Hipolite.*

D'où naissoit le refus qui si fort vous afflige?
Voyez-vous?

HIPOLITE.

Apprends....

IACINTE.

I'ay,

HIPOLITE.

Mon courroux.

IACINTE.

Pay, vous dis-je

Et ne luy dites rien qui nourrisse ses feux.

ISMENE.

Il vous peut à son aise adresser tous ses vœux ;
Demander son logis seroit perdre ma peine,
Redoutez seulement la presence d'Ismene;
De Riuale à Riuale on ne s'accorde rien,
Mais ie puis le trouuer par vn autre moyen.
Ie vous laisse.

SCENE VI.

HIPOLITE, IACINTE.

IACINTE.

Il vous ayme?

HIPOLITE.

Il me hait, l'infidelle.

IACINTE.

Vous deuez au Seigneur vne belle chandelle,
Madame, il a pour vous vne grande amitié ;
Ie ne me deffends pas d'en payer la moitié,
Car enfin la nature est aysée à surprendre;
Et si pour vostre espous vous auiez eu Nicandre
Auecque son valet qui n'a point mauuais air
Mon honneur eut pû faire vn méchãt pas de Cler.
Haïssez desormais, aussi bien cette fille..

HIPOLITE.

Elle est belle, bien faite, & paroist de famille,
Elle cherche Nicandre, & i'en ay du soucy;
Mais l'amour est aueugle, & ie la suis aussi.
Que Nicandre l'adore, ou Nicandre l'abuse,
Qui n'a point de merite a du moins de la ruse,
Et peut-estre.....

IACINTE.

Madame, il reuient dans ce lieu.

SCENE VII.

Le second NICANDRE, HIPOLITE, IACINTE, ROBIN.

HIPOLITE *en raillant.*

A La fin vostre frere est trouué.

Le second NICANDRE.

Plust à Dieu!

HIPOLITE.

Ie l'ay veu.

Le second NICANDRE.

Quoy Madame.....

HIPOLITE.

Il vous est tout semblable.

ROBIN.

Madame, estes-vous Ange? ou bien estes-vous Diable?
Quoy, sans vous dire mot vous sçauez nos secrets?

Le second NICANDRE.

Il est vray que tous deux nous auons mesmes traits;
I'ay la voix, le visage, & la taille de mesme,
I'ay l'humeur.....

IACINTE.

Comme il fait l'innocent quatriesme!
De vous pousser à bout le perfide a fait vœu.

Le second NICANDRE.

Vous le connoissez donc, ce frere?

HIPOLITE.

Quelque peu.

Le second NICANDRE.

Il vous void?

HIPOLITE.

Quelquefois.

ROBIN.

Ah, la bonne bigotte!
Diroit-on qu'elle y touche?

IACINTE.

Vn valet nous balotte,
Et je pense....Madame admirez ce bastier
Ce n'est pas son valet que ce galefretier:
Auec cette finesse il pretend qu'on s'embourbe.

Le second NICANDRE.

Ainsi....

HIPOLITE.

Leuez le masque, on connoit vostre fourbe,
Et vous vous y prenez de mauuaise façon.

ROBIN.

Parbieu, pas tant bigotte, elle change de ton.

Le second NICANDRE.

quoy....

HIPOLITE.

Qui vous aymoit a pour vous de la haine.

Le second NICANDRE.

On me hait ! mais Madame...

HIPOLITE.

On connoit vostre Ismene.

Le second NICANDRE.

Mon Ismene!

ROBIN.

Bon, bon ; mordez vous-en les doigts;
demande huit jours, & demeure deux mois.

Le second NICANDRE.

Mon Ismene ; bons Dieux ! ô parole cruelle!

ROBIN *appelle son Maistre au coin du Theatre.*

, st, vne autrefois battez moins la semelle
Monsieur.

Le second NICANDRE.

Tes sots discours...

ROBIN.

Ie parle à cœur ouuert.

IACINTE.

enrage tout vif de se voir découuert,
ne se doutoit pas qu'on eut pû tout apprendre.

Le second NICANDRE

comment croyez-vous qu'on me nomme?

HIPOLITE.

Nicandre.

urbe, artificieux, diseur de faussetez.

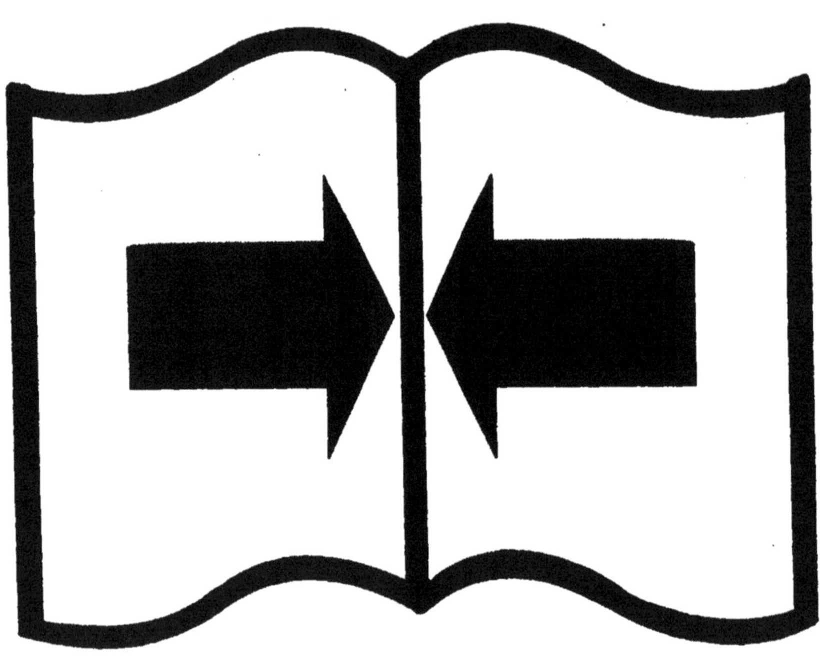

Reliure serrée

ROBIN.

Puis qu'il ne respond rien, d'accord des qualitez.

Le second NICANDRE.

Il est vray qu'à l'amour ie n'ay pû satisfaire,
Mais par vostre moyen si ie trouue mon frere
Pour rendre vn juste hommage à de rares appas
Ismene.....

HIPOLITE.

Dites donc que vous ne l'aymez pas
Imposteur?

Le second NICANDRE.

Ie l'adore, ou le Ciel me foudroye,
La seruir est ma gloire, & l'aymer est ma ioye:
Pour quelque autre beauté qui respire le jour
I'ay des ciuilités & non pas de l'amour.
Son interest vous touche, & ie vous en rends grace,
Embrassez.....

HIPOLITE.

Vous sçaurez l'interest que i'embrasse,
Et ie vous feray voir dés ce iour, si je puis
Comme Ismene me touche, & ce que ie luy suis.
Vous verrez qu'à l'outrage vne fille est sensible,
Qu'à ses vœux méprisez il n'est rien d'impossible;
Et quoy que depuis peu vous soyez à Paris
Ainsi que vostre nom ie sçay vostre logis,
Pensez-y bien.

Elle sort.

SCENE VIII.

Le second NICANDRE, IACINTE, ROBIN.

Le second NICANDRE *arreste Iacinte, & luy dit.*

De grace, ayés plus de tendresse,
Dites-moy qui des deux est Suiuãte ou Maistresse;
Je vous trouue bien faite, est-ce vous qu'elle sert?

IACINTE.

Oüy.

Le second NICANDRE.

Madame....

IACINTE.

Courage.

ROBIN.

Elles sont de concert.
Ces gaillardes.

Le second NICANDRE.

Madame, écoutez, en reuanche....

IACINTE.

Voyez-vous cette main au fin bout de ma manche?
Elle pourroit tomber dessus vostre museau;
Allez vous-en chercher vostre frere jumeau;
Ou dessus cette joüe vn puissant cataplame,...
Adieu.

SCENE IX.

Le second NICANDRE, ROBIN.

ROBIN.

COnnoissez-vous cette bonne Madame?

Le second NICANDRE.

Nullement.

ROBIN.

Nullement?

Le second NICANDRE.

Ie ne la vis iamais.

ROBIN.

Songez bien.

Le second NICANDRE.

Plus i'y songe, & moins ie la remets,
Ie ne la vis iamais en aucune maniere.

ROBIN.

A la premiere veuë elle est bien familiere.
Des soufflets tout d'abord!

Le second NICANDRE.

Tu m'en vois tout surpris,
D'hier au soir seulement i'arriuay dans Paris.

ROBIN.

De la nuict noire en Diable il estoit plus d'vne heure.

Le second NICANDRE.

Et déja toutes deux ont appris ma demeure.

Robin.

ROBIN.

Les Poussecus sont de vilaines gens,
arre apres vostre queuë vn troupeau de Sergens,
t si vostre personne est par eux attrapée,
ous aurez vne femme, ou la teste coupée.
e n'est pas qu'entre nous ie ne sçache fort bien.
u'auec vne Maistresse on ne fait souuent rien;
ais à vostre prison pour donner vne cause
ous serez accusé d'auoir fait quelque chose;
t vous en sortirez si le Ciel vous y met
our aller à la Nopce, ou du moins au Gibet.

Le second NICANDRE.

Quoy, tu penses qu'Ismene ait si peu de cõstance.

ROBIN.

e ne sçay par ma foy ce qu'il faut que ie pense;
 faut bien vous aimer pour attendre toûjours,
t ie trouue deux mois biẽ plus lõgs que huit jours.
En laissant à Lyon cette belle Lionne,
u me crèues le cœur, disiez-vous, *ma Pouponne,*
ais enfin mon départ ne doit pas t'irriter,
e te quitte vn moment pour ne plus te quitter;
aisse agir mon amour, ie te tire de peine,
u ie me donne au Diable, & dans vne semaine
on Fanfan; De mon frere, ou la vie ou la mort
e remets le pouuoir de conclure mon sort;
e quelqu'vn que ie croy i'en auray la nouuelle.
Depuis à vous attendre elle fait sentinelle,
Tandis qu'en galopant & par vaux & par monts
Nous passons vous & moy pour de frãcs vagabõds.
Voyez si la Donzelle a sujet de bien rire.

Le second NICANDRE.

Ah Robin! de ce frere on n'a pû me rien dire,
Ie m'en meurs. Cependant va dedans mon logis
On me veut faire piece, & i'ay peur d'estre pris:
Dy qu'il n'est pas besoin qu'aujourd'huy l'on m'attende.

ROBIN.

Si ie suis pris pour vous, & qu'apres on me pende
Aussi?

Le second NICANDRE.

Te pendre! à tort on l'auroit pretendu.

ROBIN.

Et qu'importe comment on puisse estre pendu?
Soit à tort, soit à droit, n'est-ce pas toûjours l'estre?

Le second NICANDRE.

Tu te moques, te dis-je, obeïs à ton Maistre,
Ie t'attends en ce lieu.

ROBIN.

Mais, Monsieur....

Le second NICANDRE.

Haste-toy.

ROBIN reuient sur ses pas.

Daignez donc pour le moins me répõdre de moy,
Car enfin....

Le second NICANDRE.

Va te dis-je, & retient cette place. *Robin sort.*
Attendant qu'il reuienne allons voir Clidimace,
Comme dans cette ville il a bien du credit
Cét Amy....

SCENE X.

RAGOTIN, *le second* NICANDRE.

RAGOTIN.

IE reuiens comme vous m'auez dit,
t-ce fait?

Le second NICANDRE.

Que veux tu?

RAGOTIN.

Ie reuiens.

Le second NICANDRE.

Que ie meurre.....

RAGOTIN.

tes en conſcience, ay-ie mis plus d'vne heure?

Le second NICANDRE.

ue veux-tu, mon amy? dy le moy.

RAGOTIN.

Ie reuiens.

Le second NICANDRE.

cordons vn peu mieux tes diſcours & les miens,
out ce que tu dis ie ne puis rien comprendre.

RAGOTIN.

e vous ſouuient pas que ie viens vous reprēdre?
ecret de la Dame à la fin eſt-il ſçeu?
es-moy.

Le second NICANDRE.

Mon enfant, ie ne t'ay jamais veu,
el es-tu?

RAGOTIN.

Qui ie suis? qu'ay-ie accoustumé d'est[re]
Ragotin.

Le second NICANDRE.

Ragotin, ie ne puis te connoistre,
Passe ton chemin, passe.

RAGOTIN.

Il le fait tout expr[és]
Moy ie vous connoy.

Le second NICANDRE.

Toy me connoistre?

RAGOTIN.

A peu pr[és]

Le second NICANDRE.

Tu t'abuses, mon cher, ton erreur est extréme
Passe.

RAGOTIN.

Il n'est donc pas vray que vous estes vous-me[smes]
Est-ce pas?

Le second NICANDRE.

Ie commence à beaucoup m'ennuyer.

RAGOTIN.

En gambades ie pense il pretend me payer.
Ie vous sers.

Le second NICANDRE.

Tu me sers!

RAGOTIN.

Hé nenny.

Le second NICANDRE.

Ie m'irrite,
Maraut....

RAGOTIN.

Payez-moy donc, & ſortons quitte à quitte.

Le ſecond NICANDRE.

Ie te dois quelque choſe ! inſolent, ie voy bien....

RAGOTIN.

Si vous me deuez ! non, vous ne me deuez rien.
Et qui peut me deuoir quinze mois de mes gages?

Le ſecond NICANDRE.

Laiſſe là ta ſottiſe, en vn mot tu m'outrages,
Ie me fais violence, & ie dois de ce pas.....

RAGOTIN.

Vous deuez, il eſt vray, mais vous ne payez pas.

Le ſecond NICANDRE.

Sçais-tu bien, guoguenard qu'à bons coups de nazardes
Si tu railles encore, & que tu guoguenardes,
Que de tes mots bouffons tu me faſſes l'objet....

RAGOTIN.

Ie bouffonne ! vrayment i'en ay bien du ſujet!
Mis dehors, pas le ſou, ne ſçauoir chez qui viure ...
Quoy, vous vous en allez?

Le ſecond NICANDRE.

Et tu penſes me ſuiure?

RAGOTIN.

Ie le penſe, & repenſe.

Le ſecond NICANDRE.

Et tu ne penſes pas
Que ſi tu l'entreprends ie te caſſe les bras.
Suy-moy dõc ſi tu veux, vien, tu n'as riẽ à craindre

Il ſort.

SCENE XI.

RAGOTIN *seul.*

IL ne faut que cela pour m'acheuer de peindre.
Peu courtois Courtisan en chassant ton valet
Que la peste t'étouffe, & te saute au colet.
Qu'au fin fond des Enfers le grād diable te plonge,
Mais i'enrage de faim, à propos, quand j'y songe,
Pour branler la machoire, & nous faire laquais
Allons chercher fortunè aux degrez du Palais.

Fin du premier Acte.

ACTE II.

SCENE PREMIERE.

Le premier NICANDRE *seul.*

LA charmãte Hipolite a pour moy de l'estime,
Et ie n'ose répondre au beau feu qui l'anime!
A mon cruel serment tous mes sens occupez....

SCENE II.

ISMENE, *Le premier* NICANDRE.

ISMENE *en habit d'homme.*

OV ie vois l'infidelle, ou mes yeux sont trõpez.
C'est luy-mesme, le traistre. A quoy réue Nicandre?

Le premier NICANDRE.

Et par quelle raison souhaitter de l'apprendre?

ISMENE.

Vous m'aymiez autrefois, & i'ay dû presumer...

Le premier NICANDRE.

Si ie vous ay connu, i'ay bien pû vous aymer;
Où vous ay-je pû voir? tirez moy d'vne peine.

ISMENE.

A Lyon.

Le premier NICANDRE.

A Lyon ! vostre nom c'est....

ISMENE.

Ismene.

Le premier NICANDRE.

I'ay beau pour vous connoistre employer mes efforts ...

ISMENE.

Ie ne vous parois pas ce que i'estois alors,
Vous sçauez que l'on change.

Le premier NICANDRE.

Il est indubitable,
Mais c'est beaucoup changer qu'estre méconnoissable;
A Lyon i'ay pû faire vn passable séjour,
Mais....

ISMENE.

Mais quoy qu'il en soit vous resuiez à l'amour

Le premier NICANDRE.

I'y resuois, ie l'auouë, vne Dame si belle....

ISMENE.

Vous l'aymez?

Le premier NICANDRE.

Si ie l'ayme?

ISMENE.

Et vous estes fidelle

Le premier NICANDRE.

Vouloir toute ma vie adorer ses appas....

ISMENE.

Ingrat, c'est le paraistre, & c'est ne l'estre pas;
Ouure les yeux.

Le premier NICANDRE.

Monsieur....

ISMENE.

Dy mon nom, si tu l'oses.
De ton frere, perfide, as-tu sceu quelques choses?

Le premier NICANDRE.

Vn langage si haut me rend tout interdit....

ISMENE.

Ta Maitresse, infidelle, est dessous cét habit;
Vois Ismene, vois traistre, & que l'œil te dessille.

Le premier NICANDRE.

Quoy dessous cét habit i'apperçois vne fille!
Ah Madame....

ISMENE.

Volage, à quoy m'obliges-tu
Ta honteuse inconstance a trahy ma vertu:
Sont-ce là ces huit iours? est-ce là cette flame....

Le premier NICANDRE.

Expliquez cette énigme, & de grace Madame....

ISMENE.

Cét énigme, volage, ah cruel, plût aux Dieux!
Mais ton crime visible a-t-il rien de douteux
Infidelle?

Le premier NICANDRE.

Mon crime!

ISMENE.

Ame double, & traitress

Est-ce donc ta vertu que trahir ta Maistresse?

Le premier NICANDRE.

Moy, trahir ma Maistresse?

ISMENE.

Ouy, toy lasche.

Le premier NICANDRE.

Moy?

ISMENE.

Toy.

Le premier NICANDRE.

Ie ne vous connois pas, & j'ignore pourquoy...

ISMENE.

Tu ne me connois pas? toy perfide? toy traistre!
Hé bien, ie veux t'apprendre à pouuoir me connoistre,
Et te faire toy mesme à toy mesme auoüer
Que tu m'as oubliée, & n'ay pû t'oublier.
Prens-y garde.

SCENE III.

Le premier NICANDRE *seul.*

I'Ignore à quoy tend sa querelle
A l'entendre, autrefois ie soupiray pour elle:
Moy bon Dieux! moy pour elle auoir pû soupirer!
Ie ne la vis jamais, & ne puis penetrer ....
Mais à quoy ie m'amuse? à quoy songe mon ame?

Si i'ay quelques momens ie les dois à ma flâme;
Hipolite.... Iacinte en ce lieu se fait voir;
Iacinte....

SCENE IV.

IACINTE, *le premier* NICANDRE.

IACINTE.

IL dit mon nom! qui vous l'a fait sçauoir?
Vous me démaistressez maistre fourbe.

Le premier NICANDRE

Où s'adresse....

IACINTE.

Dites-moy qui des deux est Suiuante ou Maitresse?
Je vous trouue bien faite, est-ce vous qu'elle sert?

Le premier NICANDRE.

Parlez plus clairement, auez-vous decouuert....

IACINTE.

Rien du tout.

Le premier NICANDRE.

D'où vient donc que ie comprends à peine....

IACINTE.

On connoit....

Le premier NICANDRE.

Quoy? parlez, qui connoit-on?

IACINTE.

Ismene.

Le premier NICANDRE.

Ie vous entends Iacinte, Hipolite ſçait bien.....

IACINTE.

Que gens faits cõme vous ne vaudrõt iamais ri[en]
Adieu, paſſe-volant.

Le premier NICANDRE *l'arreſta[nt]*

Demeurez, & pour cau[se]
Au mal-heureux Nicandre apprenez vne choſe,
I'allois voir Hipolite.....

IACINTE

Hipolite! vous?

Le premier NICANDRE.

Moy.

IACINTE.

C'eſt bien fait.

Le premier NICANDRE.

Croyez-vous.....

IACINTE.

Ouy, ſans doute, ie cro[y]
Ie croy ſi vous oſez dans ſa chambre paraiſtre
Que vous n'en ſortirez que par vne feneſtre.
Hipolite picquée...

Le premier NICANDRE.

Elle?

IACINTE.

Non, qui donc? mo[y]

Le premier NICANDRE.

Et qui l'à pû picquer?

IACINTE.

Voſtre.... ie ne ſçay quo[y]

Vos diſcours outrageants, voſtre lãgue qui iouë....

Le premier NICANDRE.

Ma langue eſt imprudente, & ie la deſauouë;
Non, ie ne pretends pas qu'elle parle iamais
S'il ne faut d'Hipolite applaudir les attrais.
Me hait-elle, Iacinte, auoüez?

IACINTE.

L'idiote
Pour vous aymer encore eſt peuteſtre aſſez ſotte,
Mais ſi i'en eſtois cruë....

Le premier NICANDRE.

Elle ne me hait pas!
Pour me bien obliger retournez ſur vos pas,
Dites-luy tout l'excés de ma flâme amoureuſe,
Dites....

IACINTE.

Allez ailleurs chercher vne menteuſe,
Monſieur.

Le premier NICANDRE.

Mettez ma flâme au degré le plus haut,
Et ce ſera....

IACINTE.

Mentir juſtement comme il faut.

Le premier NICANDRE.

Puiſque vous refuſez d'aller dire que j'ayme
Offrez-moy le moyen de le dire moy meſme,
Que ie voye Hipolite, & luy puiſſe parler,
Qu'vn moment ...

IACINTE.

I'ay bien peur de me laiſſer aller.

Vous l'aymez?

Le premier NICANDRE.

Ie l'adore, & l'adore elle seule
Ou.....

IACINTE.

Qui dit Courtisan dit toujours fort en gueule;
De vous croire moy mesme en secret ie rougis;
Cependant sans façon ie retourne au logis:
I'allois faire vn message, & pour vous ie differe;
A propos, Hipolite accompagne son pere,
Mais il peut la quitter, il ne faut qu'vn instant...

Le premier NICANDRE.

A la prochaine ruë vn inthime m'attend;
Ie m'en vais le trouuer, où vous dois-je reprendre

IACINTE.

Dans vne petite heure ayez soin de vous rendre...
Où diray-je? icy mesme, en ce coin à l'écart.

Le premier NICANDRE.

C'est assez, & de plus....

IACINTE.

Et de plus, Dieu vous gard

SCENE V.

Le premier NICANDRE *seul.*

TEmeraire serment sors de cette memoire,
Ne fais pas vn obstacle à l'excés de ma gloire,
Depuis plus de six ans ie me suis deffendu....

SCENE VI.

ROBIN, *le premier* NICANDRE.

ROBIN.

MOnsieur, vous ne serez ny roüé, ny pendu,
Ie n'ay veu ny recórds, ny bourreau, ny charette,
Tout va bien.

Le premier NICANDRE.

De quel air ce belistre me traitte!
A qui parle....

ROBIN.

Pour moy, quoy que simple valet,
Dans la peur que j'auois d'estre pris au colet
I'ay ioüé de finesse, & l'ay mis dans ma poche
Voyez vous? Pour l'Hostesse elle tourne la broche,
Elle dit qu'en tout cas vostre lit sera prest,
Que peut-estre.....

Le premier NICANDRE.

A cela, ie n'ay point d'interest.
Où vas-tu? d'où viens-tu? dy le moy toute à l'heure
Et ie croy....

ROBIN.

Ie ne vais, ny ne viens, ie demeure.
Comme il fait le gausseur, d'où ie viens, me dit-il,
Il a crû tout d'abord que i'estois Algoüazil,
Et qu'en vrais pas de loup ie venois le surprendre.

Le premier NICANDRE.

Sçais-tu bien, mon amy, qu'on me nomm
Nicandre,
Et que l'on me deplaist quand on fait le badin?

ROBIN.

Sçauez-vous bien, Monsieur, qu'on m'appel
Robin?

Le premier NICANDRE.

Moy, ie sçaurois ton nom?

ROBIN.

Comme ie sçay le vostr
Et nous nous cõnoissons aussi bien l'vn que l'autr

Le premier NICANDRE.

Camarade....

ROBIN.

Païs.

Le premier NICANDRE.

Dy moy, traistre, és-tu sac

ROBIN.

Mon cher maistre, auoüez que vous estes bien fo

Le premier NICANDRE.

Moy ton Maistre?

ROBIN.

Et qui donc?

Le premier NICANDRE.

Il a pû se méprendre.
Ie t'ay dit, mon amy, qu'on m'appelle Nicand
Qu'vn sot conte me choque, & qu'enfin....

ROBIN.

Et qu'enfin

Ie vous ay-respondu qu'on me nomme Robin.

Le premier NICANDRE.

Et ce nom de Robin suffira pour m'apprendre....

ROBIN.

Tout comme il me suffit de celuy de Nicandre.

Le premier NICANDRE.

Mais de bien te connoistre offre moy le moyen,
Que veux-tu ? quel és-tu ?

ROBIN.

Mon Dieu, ie ne suis rien;
Ie suis ce que ie suis, qui que ie sois je m'ayme,
Et ie ne voudrois pas ne pas estre moy-mesme,
Ie me garentis tel.

Le premier NICANDRE.

Mais pourquoy....

ROBIN.

Mais pourquoy....
Puisque vous estes vous, ie puis bien estre moy.

Le premier NICANDRE.

Mon valet....

ROBIN.

Ie le suis.

Le premier NICANDRE.

Ta folie est extrême.

ROBIN.

A tout autre que vous ie dirois fou toy-mesme,
Et ie pense....,

Le premier NICANDRE, *en s'en allant*.

Maraut, tu veux estre battu,
Et si ie n'auois haste insolent....ou vas-tu?

ROBIN.

Où vous mesme allez-vous? i'accompagne mo[n]
Maistre.

Le premier NICANDRE.

Ie dois si ie le suis te le faire paroistre
Il t'en faut vne preuue impudent, la voila.

Il luy donne vn soufflet

SCENE VII.

ROBIN *seul*.

IL a parbieu raison, il le prouue par là.
Le secret est ioly pour se bien faire croire!
De sa chienne de patte enfoncer ma machoire
Et souffrir sans souffler qu'il me donne vn soufflet
C'est bien estre le Maistre , & Robin le valet.
Quelle peste de preuue il me force de prendre!
Ce bon frere frappart est sans doute Nicandre
Ce sont là de ses coups ie les sens à leur poids,
I'en reçois reglement prés de cent tous les mois
Et de tous ses soufflets ce n'est pas là le moindre;
Mais où Diable à present le pourray-je rejoindr[e]
Sa valize restée au logis d'où ie viens
Où parmy ses habits sont aussi tous les miens
En tout cas.... Le voicy la gueule enfarinée
Le bon traistre!

SCENE VIII.

Le second NICANDRE, ROBIN.

QV'heureuse est pour moy la journée!
Ah Robin ! vn amy genereux, bien faisant,
Et non pas vn amy comme ceux d'à present,
Dont la langue est dorée, & dont l'ame est de bouë;
Mais vn ami sincere, obligeant....

ROBIN.

Ah la jouë!

Le second NICANDRE.

De me voir Clidimace a les sens tous rauis,
Dans sa propre maison il me donne vn logis,
A tous mes interests tout entier il se vouë,
Et ie veux ce qu'il veut, pour luy plaire.

ROBIN.

Ah la jouë!

Le second NICANDRE.

Quel sujet te fait plaindre, & pourquoy le cacher:
C'est peut estre vne dent qu'il te faut arracher,
Vne dent peut suffire à gaster vne bouche,
Songes-y. Mais répond sur le fait qui me touche,
As-tu veu mon hostesse, aura-t'elle tout prest....

ROBIN.

A cela, mon amy, ie n'ay point d'interest;

Où vas-tu?d'où viens-tu?dy- le moy tout à l'heure.

Le second NICANDRE.

Que me dit ce Coquin? je t'assomme où ie meure,
Parle; dois-je tout craindre, où ne redouter rien?

ROBIN.

Mais de bien te connoistre offre moy le moyen,
Que veux-tu? quel es-tu?

Le second NICANDRE.

Qui ie suis, double traistre?
Ie puis facilement te le faire connoistre,
Et sans auoir besoin d'estre si retenu....

ROBIN.

Ah Démentibuleur ie l'ay trop reconnu.
De ne pas l'ignorer à present ie me pique,
Et ma joüe en peut estre vn témoin autentique.
Faire pleine recepte à deux doigts de mon nez
D'vn soufflet plantureux, & des mieux assenez,
D'vn soufflet qu'vne main bien plus noire que blanche
Depuis plus de six mois mitõnoit dans sa manche,
D'vn soufflet qui par terre quasi a repandu...
Si vous ne le payez ie veux estre pendu.

Le second NICANDRE.

Est-ce pure gageure? ou bien si tu déterres....

ROBIN.

C'est gageure.

Le second NICANDRE.

Gageure?

ROBIN *monstrant sa ioüe.*

On m'en donne des erres

Il chante de rage.

Voyez-vous ? Mon cadet..... Là, là, là, là, là, là.

SCENE IX.

IACINTE, HIPOLITE, *le second* NICANDRE, ROBIN.

IACINTE, *sortant auec Hipolite.*

IL vous attend Madame, & c'est luy que voila,
Auancez.

à Nicandre.

A vous voir ie l'ay fait condescendre,
Prés d'vne heure Hipolite a voulu s'en deffendre,
Mais i'ay tant de vos feux appuyé le party,
I'ay tant dit que mes soins vous auoient pressenty,
Tant de fois repeté que toûjours pour Ismene
Loin d'auoir de l'amour vous auriez de la haine....

Le second NICANDRE.

De la hayne pour elle, ah! ie brûle d'amour,
Non, non.....

HIPOLITE *à Nicandre.*

De vos mépris vous voila de retour;
Ie l'ay sçeu de Iacinte, Ismene est pourtant belle.

Le second NICANDRE.

Elle est toute charmante, & ie n'adore qu'elle,
Son aymable visage a des charmes si doux....

IACINTE.

Il se mocque, Madame, il n'adore que vous

Il me l'a dit.

Le second NICANDRE.

Moy?

IACINTE.

Vous.

Le second NICANDRE.

En parlant de ma flâme
Loin de vous auoir dit que j'adore Madame....

IACINTE.

Quoy, vous n'auez pas dit à moy mesme, en ce lieu....

Le second NICANDRE.

Rien du tout.

IACINTE.

Rien ! Madame il offence bien Dieu
Le mechant homme!

Le second NICANDRE.

Quoy....

ISMENE.

Quoy, vous-mesme hypocrite
Quand vous estes venu pour luy rendre visite....

Le second NICANDRE.

Moy visite ! Robin pourra dire au besoin....

ROBIN.

Ie vous sers de valet, & non pas de tesmoin.

Le second NICANDRE.

Mais tu sçais....

ROBIN.

Ie ne sçay si ie sçais quelque chose,
Mais ie me tais.

HIPOLITE *à Iacinte.*

Tu vois où ton zele m'expose
A ton rapport sans doute il n'a pas consenty.

IACINTE.

I'ay dit vray, ie vous jure, & Nicandre a menty,
Ie n'ay pas grace à Dieu, la memoire debile,
Il faloit que pour lors son valet fut en ville
Lui seul en cette place il faisoit l'idiot.

Le second NICANDRE.

Quand vous m'auez parlé j'estois seul ! Responds.

ROBIN.

Mot.

Le second NICANDRE.

Où donc, lors que Iacinte a commencé sa guerre
Estois-tu ?

ROBIN.

Dans le Monde.

Le second NICANDRE.

En quel lieu ?

ROBIN. Sur la terre.

Le second NICANDRE.

L'endroit, c'est....

ROBIN.

Dans la France, à Paris, que ie croy.

Le second NICANDRE.

En presence.....

ROBIN.

En presence ? en presence de moy.

Le second NICANDRE.

Mais perfide Robin le dessein où tu buttes....!

ROBIN *monstrant sa ioüe.*

Il resiouuient tousiours à Robin de ses flutes.

Le second NICANDRE.

Ils s'entendent, Madame, vn indice trop grand...

IACINTE.

Si ie luy dechargeois vn bon moule de gand,
Madame, laissez-moy luy bailler sur la creste.

ROBIN *à Iacinte.*

Ne prends point de conseil que celuy de ta teste;
I'en suis de moitié . rosse.

HIPOLITE.

Enfin, il m'est honteux
D'auoir pû vous apprẽdre où j'adresse mes vœux
Ne vous souuenez pas qu'Hipolite vous aime,
Oubliez...

Le second NICANDRE.

Vous m'aymez!

HIPOLITE.

Ie lay dit à vous mesme,
Ingrat, & ma foiblesse est allée à ce point....

Le second NICANDRE.

En verité, Madame, il ne m'en souuient point.
Vous m'auez, dites-vous, adorable Hipolite....

HIPOLITE.

Vne feinte si basse, & m'outrage, & m'irrite,
Ie ne suis pas Iacinte, & vous vous méprenez....

IACINTE.

Paumez-luy moy la gueule, & luy cassez le nez;
Faut-il tant de façons? j'en enrage d'enuie,
Son valet qui me pousse à cela me conuie.

Le second NICANDRE.

ula pousses, perfide, & ton cœur est si bas....

ROBIN.

oy loin de la pousser ie luy retiens le bras,
le a menty.

IACINTE.

Madame, admirez l'autre traistre,
valet se gauberge aussi bien que le maistre;
ses-tu?... Voyez-vous, il fait signe des yeux....

ROBIN.

us mentez comme vn Diable impudente.

IACINTE *luy donne vn soufflet.*

Moy?

ROBIN.

Deux;
st le compte tout rond, & ma ioüe applattie.....
Maistresse coureuse, ou du moins apprentie.....

IACINTE.

oy belistre.....

Le second NICANDRE.

La belle, il faut moins s'émouuoir
stre sexe, & Madame ont icy tout pouuoir,
yez ma petite à vous rendre plus sage:
r vous, c'est à regret que ma voix vous outrage,
uoir pû vo° choquer i'ay beaucoup de douleur,
de peur qu'il n'arriue vn semblable mal-heur
ors.

ROBIN *à Iacinte.*

Ie sors aussi, mais auant que ie sorte
on peste de bras qui n'a pas la main morte.

Ie ſouhaite la galle, & qui mine ton corps;
A tes pieds tout crochus ie ſouhaite des cors;
A ta jambe vne vlcere ; à ta cuiſſe vne goutte;
Que de toy deſormais tout chacun ſe dégouſte;
Ie ſouhaite à ton ventre vne canine faim,
Et que pas vn mortel ne te donne de pain;
Loin d'auoir des appas, & des charmes qui brillé
Ie ſouhaite à ton ſein des tetons qui brandillent;
A ton bas de viſage vn menton fort pointu;
A tes dents vne breſche à paſſer tout veſtu;
A ton nez la roupie; aux yeux cire; au front craſſ
Et que de tes cheueux dont tu tires ta grace
On faſſe des licous au Bourreau de Paris
Pour pendre les lacquais qui ſont au Paradis.
Peſte de Cagne.

SCENE X.

HIPOLITE, IACINTE.

HIPOLITE.

HE' bien?

IACINTE.

Sans perdre vne paroſe
Depeſchez viſtement de joüer voſtre rolle.
Au ſecours, à la force, embraſſez l'intereſt....
Tout va le mieux du monde, Iſidore paraiſt,
Iſidore !

SCENE XI.

ISIDORE, HIPOLITE, IACINTE.

ISIDORE.

Il s'exhibe où le cry prend son estre
Qu'est-ce ?

HIPOLITE.

Comme vn éclair il vient de disparaistre;
Il faut qu'asseurément il vous ait entendu.

ISIDORE.

Eclaircis ta matiere à mon indiuidu ;
A ma memoire actiue à comprendre la chose
De sa voix attractiue incorpore la cause,
Articule tes mots, & diuulgue le fait ;
Puis apres de la cause on descend à l'effet.
Deduits ta malencontre en maniere succinte.

HIPOLITE.

Il est venu.... Monsieur, demandez à Iacinte.

ISIDORE *à Iacinte.*

Oculaire témoin du mal-heur qu'elle tait,
Toy, qui peux à son pere inculquer son secret,
De le déueloper i'interpelle ton ame.

IACINTE.

Il est venu.... Monsieur, demandez à Madame.

HIPOLITE.

I'apprehende si fort de vous voir indigné
Qu'en fin.....

ISIDORE.

Ma geniture, aurois-tu forligné?

HIPOLITE.

Ah!

IACINTE.

Ah!

ISIDORE.

Dieux des sçauans, l'vne & l'autre soûpir
D'où dériue....

HIPOLITE.

Autre part ie sçauray vous tout dire,
Et puisqu'vn prompt remede est icy de saison
Vous forcerez le traistre à m'en faire raison.

Fin du second Acte.

ACTE

ACTE III.

SCENE PREMIERE.

ISMENE, LE COMMISSAIRE.

ISMENE.

ENfin de mon mal-heur vous auez connoiſ-
ſance,
Ie vous ay de ma honte aſſez fait confidence,
Ie vous ay découuert de quel ſexe ie ſuis,
Et le nom & l'ingrat qu'à preſent ie pourſuis:
Mais tout ingrat qu'il eſt, comme il a du courage
Il peut vous outrager, & ie crains qu'on l'outrage;
Car enfin, à la haine il a beau m'animer,
Mon naturel vſage eſt l'vſage d'aymer;
En m'oſtant ſon amour, il retient ma tendreſſe;
Ainſi pour s'en ſaiſir il faut vſer d'adreſſe,
Puis que de tous coſtez ie redoute le coups,
Soit qu'ils viennent de luy, ſoit qu'ils viennent de
vous.

LE COMMISSAIRE.

Vous craignez vainement qu'il ſe puiſſe deffendre,
Iuſques dans ſon logis on le peut aller prendre,
Et quinze ou ſeize Archers aux captures forts
prompts....

ISMENE.

Ah! de grace, à Nicandre espargnons ces affronts
L'ingrat m'est tousiours cher, tout cruel qu'il puiss
estre;
Et quoy qu'il soit étcint, son amour peut renaistre
Escoutez le biais que ie croy le plus doux,
Ie luy fais vn appel, & ie prends rendez-vous;
Ie m'en dis offencé, sans luy dire autre chose;
Ie luy mande qu'au Cours il en sçaura la cause;
Que ie suis Gentil-homme aussi noble que luy;
Et qu'au lieu que ie marque il peut mesme aujour-
d'huy....

LE COMMISSAIRE.

Et sur vostre parole il aura l'asseurance...

ISMENE.

Il a tant de courage & si peu de prudence,
Qu'à sa seule valeur osant trop se fier
Dans le Cours de la Reyne il sera le premier.
Là, vous & vos Archers ayez soin de vous rendre
Et sous vn faux-semblant de vouloir nous deffen-
dre,
Nous ayant desarmez par vostre autorité,
Vous pourrez le saisir auec facilité.
Cette voye est plus douce, & me semble plus seure

LE COMMISSAIRE.

Mais enfin d'vne femme il verra l'écriture,
Et d'vn cœur amoureux preuenant le dessein....

ISMENE.

Vous croyez mon cartel fabriqué de ma main?
Vne main empruntée a pris soin de l'écrire;

Et pour en peu de mots acheuer de tout dire,
Vn valet que i'ay pris aux degrez du Palais
Mieux vestu mille fois que mille autres valets
Seruira ma colere, & fera mon message;
Vous de vostre costé commencez vostre ouurage,
Amassez tous vos gens, & selon mon espoir
Faites-les rendre au Cours à six heures du soir:
Voila ce que de vous i'ay voulu me promettre,
Et tandis qu'au Courrier mon valet va remettre....
Il reuient, il me cherche, allez tout dépescher,
Adieu. *Le Commissaire sort.*

SCENE II.

RAGOTIN, ISMENE.

RAGOTIN.

N'Est-ce pas vous que ie viens rechercher
Dites-moy?

ISMENE.

C'est moy-mesme; As-tu beaucoup de zele?
Car ie ne doute point que tu ne sois fidele,
Et de ta part enfin ie crains peu d'accidens.

RAGOTIN.

N'ay-je pas dans Paris cinq ou six Respondans
Pour me cautionner s'ils me sont necessaires?
I'ay trois Lacquais, vn Page, & deux Clercs de Nottaires,

Diable ie suis connu par d'honnestes Messieurs!
I'ay l'hõneur, qui plus est, d'estre aimé de plusieurs,
Et ie conte cela mon plus bel auantage.

ISMENE.

Il est grand, mais escoute, as-tu bien du courage?

RAGOTIN.

Du courage! I'en créue.... en mon iuste courroux...
Produisez quelques-vns qui me tastent le poux,
Est-ce Braue? Soldat? Mousquetaire?

ISMENE.

Moy-mesme.

RAGOTIN.

Vous, Monsieur?

ISMENE.

Moy?

RAGOTIN.

Pour vous mon respect est extreme,
Ie suis vostre valet.

ISMENE.

Mais enfin...

RAGOTIN.

Mon Dieu, Mais
C'est vn poinct chatoüilleux que l'honneur d'vn Lacquais,
Ie suis plein de courage, & n'en fus iamais vuide,
Mais i'aurois du regret de faire vn Maitricide:
Vous ne l'ignorez pas les honnestes Chrestiens...

ISMENE.

Tu conçois à rebours le discours que ie tiens,
I'ay querelle.

RAGOTIN.

Querelle ! eſt-il vray ?

ISMENE.

I'ay querelle

Et ie veux éprouuer à quel poinct va ton zele :

Pour porter vn Cartel de toy ſeul i'ay fait choix.

RAGOTIN.

Donnez-vous bien ſouuent de ſemblables emplois?

ISMENE.

Selon.

RAGOTIN.

Dites-moy donc ſans donner de bricole

Si c'eſt que ie me louë, ou bien ſi ie m'enrolle?

ISMENE.

As-tu peur ?

RAGOTIN.

Moy ? Non, mais....

ISMENE.

Mais point tant de façon,

Si tu ſens de la peur tu peux le dire.

RAGOTIN.

Et ... non,

Mais ...

ISMENE.

Voila le Cartel, prends le ſoin de le rendre,

Tu liras le deſſus, il s'addreſſe à Nicandre.

RAGOTIN.

A Nicandre ?

ISMENE.

A Nicandre, il demeure icy prés;

A ce nom tu fremis que ie crois?

RAGOTIN.

Moy? non, mais....

ISMENE.

S'il demande le nom de celuy qui t'enuoye,
Il pourra le ſcauoir, puis qu'il faut qu'il me voye;
Ie vais dans mon logis, ruë aux Ours, au Dauphin,
De ce iour ennuyeux attendre le declin,
Cela fait dans ce lieu tu viendras me reprendre,
Adieu.

SCENE III.

RAGOTIN *ſeul.*

IE vais porter vn Cartel à Nicandre!
A luy qui me veut battre, & qui fait le mâdré,
Ah Nicandre, ma foy tu ſeras Nicandré!
Tu t'en vas étrenner mon épée. Il auance,
Mais il ne ſonge pas à cecy que ie penſe;
Dieu ſçait ſi le Cartel le va rendre eſperdu!

SCENE IV.

Le premier NICANDRE, RAGOTIN.

Le premier NICANDRE.

IAcinte asseurément m'aura trop attendu;
Il m'a trop retenu cét Amy, i'en deteste.
Où pourray-ie à present la trouuer ? Ah, aha.

RAGOTIN *luy allongeant une botte.*

Zeste.

Le premier NICANDRE.

Tu reuiens à belle heure, & tu penses qu'au cas....

RAGOTIN.

Ouy, ie pense, pourquoy ne penserois-je pas?
Ie veux penser.

Le premier NICANDRE.

Coquin, ie puis t'estre funeste,
Et si tu fais le fou tu ne doute pas.....

RAGOTIN *allongeant encore une autre botte.*

Zeste.

Le premier NICANDRE.

Où crois-tu que tu sois, dy marouffle.

RAGOTIN.

Pourquoy?
I'ay mon droict comme vous sur le paué du Roy,
Dequoy vous meslez-vous? qu'est-ce donc? j'y veux estre.

Le premier NICANDRE.

Mais à qui donc és-tu ?

RAGOTIN.

Moy ie suis à mon Maistre,
Auec autre que vous on se trouue vn peu mieux;
Tenez quasi defunt, jettez icy les yeux,
Puis apres au Seigneur recommandez vostre ame.

Le premier NICANDRE.

Cét Infame.....

RAGOTIN.

Tantost vous aurez de l'infame:
Vous m'auez querellé, vous auez fait le fat,
Vous en mourrez, beau Sire, & mourrez *intestat*
Lisez.

Le premier NICANDRE *lit*.

Sans que ie me nomme,
Nicandre vous sçaurez que ie suis Gentil-homme,
Qui l'espée à la main ay dessein de vous voir,
Du suiet que i'en ay i'ose tout me promettre:
C'est au Cours de la Reyne à six heures du soir;
Et i'auray le Second qui vous rend cette Lettre.

Nicandre continuë.

Tu ne me sers donc plus, Ragotin?

RAGOTIN.

Non ma foy

Le premier NICANDRE.

Ie n'en murmure point, cela dépend de toy,
Tu te rends le Second de celuy qui m'appelle?
Tu le dois, c'est ton Maistre, & i'admire ton zele
Voyons si ta valeur à ton zele respond.

Il tire l'épée, & Ragotin remet la sienne.

RAGOTIN.

Que ne suis-je Premier aussi bien que Second!
Voyez-vous de courroux cõme le nez me fronce?

Le premier NICANDRE.

Quoy tu crains....

RAGOTIN.

Escoutez ie vais vous rendre responses
Si vous vouliez m'attẽdre vn moment dans ce lieu?

Le premier NICANDRE.

Ie le veux...

RAGOTIN.

Mettez-là vostre main. Sans Adieu,
C'est assez, si j'y viẽs que le Diable m'emporte. *bas.*

SCENE V.

Le premier NICANDRE *seul.*

Ciel vous m'estes propice, & l'on ouure la porte;
Le bon-heur de vous voir va donc m'estre accordé
Hipolite. Iacinte, ay-je point trop tardé?
Si vous pouuiez sçauoir quel plaisir vous me faites,
Ie iure....

SCENE VI.

IACINTE, *Le premier* NICANDRE.

IACINTE.

ALlez vous-en au peuatre, à qui vous estes.

Le premier NICANDRE.

Quoy Iacinte me laisse, & dans cét embarras....

IACINTE.

Allez vous-en au Diable, & ne me touchez pas
Vous dis-je.

Le premier NICANDRE.

Mais Iacinte, il me semble....

IACINTE.

Il me semble
Qu'on ne vaut pas la peste alors qu'on vo' ressẽble,
Qu'estre lasche, perfide, hypocrite, emballeur,
Meschant comme la gresle, insolent suborneur,
Qu'auoir l'ame du Diable à tous coups possedée,
C'est de vostre peinture vne legere idée;
Il me semble cela.

Le premier NICANDRE.

Mais au moins....

IACINTE.

Au moins mais...

Le premier NICANDRE.

Mais vous m'auez promis....

IACINTE.

Mais ie vous dépromets.
Et de plus laissez-moy, i'ay des mains, ie deuore.

SCENE VII.

EVTROPE, IACINTE, *Le premier* NICANDRE.

EVTROPE.

Est-ce pas prés d'icy que demeure Isidore?

IACINTE.

Ouy, le voulez-vous voir?

EVTROPE.

Ah! ie le voudrois bien.

IACINTE

Attendez.

Le premier NICANDRE *à Iacinte.*

Vous pouuez par le mesme moyen....
A tout ce procedé, ie ne puis rien comprendre,
Iacinte....

EVTROPE.

Ou ie m'abuse, ou ie vois le Nicandre,
Ie le vois, c'est luy mesme. A la fin ie te tiens,
C'est en vain que tes bras sont plus forts que les miens.
Qu'as-tu fait de ma fille?

IACINTE *appelle à vne fenestre.*

Isidore! allons viste.

A Eutrope.

Tenez ferme, tenez; car il faut qu'on le giste.
Isidore!

Le premier NICANDRE.

Monsieur laschez-moy de ce pas,
Ou du moins....

IACINTE.

Tenez ferme, & ne le laschez pa
Son filou de cacquet m'a sceu rendre éblouÿe.

SCENE VIII.

ISIDORE, IACINTE, EVTROPE
Le premier NICANDRE.

ISIDORE *à la fenestre.*

VNe voix transcendante a percé mon oüye.
Appettez-vous ...

IACINTE.

Monsieur, venez viste au secou

A Eutrope.

Venerable vieillard, tenez ferme toûjours,
D'vne fille de bien, de famille assez grande
Ayant pris tout l'honneur, il faut qu'il le rende
Ou qu'il créue.

EVTROPE.

De rage, il m'en void tout en
Le déloyal, le traistre!

Le premier NICANDRE.

Est-ce conte ? est-ce jeu?
Quoy Iacinte elle mesme aura donc de la joye.

IACINTE.

Venez viste, Monsieur, vous saisir de la proye,
C'est Nicandre.

EVTROPE.

Luy-mesme.

Le premier NICANDRE.

Il est vray, mais confus.....

ISIDORE *en bas.*

Rendons- en grace, & los à Iupin de la sus.
O malin Tereus de qui l'ame trop noire
D'vne Philomella contamines la gloire;
Toy qui dans le vray cẽtre où l'on prẽd les plaisirs,
Veux immatriculer tes coupables desirs;
Vn saut patibulaire est le prix que i'annexe
Aux torrides souhaits dont l'outrage me vexe;
Et par vn sort tragique asprement auancé
Du terrestre climat tu seras expulsé.

IACINTE.

Prenez l'occasion qu'vn bon Ange vous offre,
Tandis qu'il est icy permettez qu'on le coffre,
Ie m'en vais au plus viste amener le Coffreur.

Elle sort

Le premier NICANDRE *tenu par les deux bras.*

Quoy, de l'vn & de l'autre éprouuer la fureur!
D'vn courroux si bizarre apprenez-moy la cause;
Soit à vous, soit à vous, ay-ie fait quelque chose?
De qui m'ose arrester que ie sçache le nom,

Eſt-ce vous ? eſt-ce vous ?

EVTROPE.

C'eſt moy-meſme.

ISIDORE.

Ego ſum.

Vne fille effleurée eſt vn grand vitupere.

EVTROPE.

Et cela de bien prés touche vn mal-heureux pere
Iſidore.

ISIDORE.

Iſidore ! hé vous me cognoiſſez?

EVTROPE.

Ie ne vous ay point veu depuis dix ans paſſez,
Vn tel temps a rendu ma memoire affoiblie,
Cependant de vos traits elle eſt toute remplie ;
Eutrope ayme Iſidore , & le Ciel a permis.....

ISIDORE.

Eutrope ! ah parangon des fidelles amis!
Chariſſime Collegue incapable de noiſes,
Relegué par le ſort aux riues Lyonnoiſes,
Si vous eſtes fertille en tendreſſes pour moy,
Etreignez Iſidore , & pleignez ſon eſmoy:
C'eſt Eutrope!

EVTROPE.

Vous voir eſt ce que ie ſouhaite,
Mais ma joye Iſidore eſt pourtant imparfaite,
Vne fille abuſée....

ISIDORE.

Ah!

EVTROPE.

Ah!

ISIDORE.

Ah!

EVTROPE.

Ah!

Isidore & Eutrope laschent Nicandre, & s'embrassent en pleurant, tandis que Nicandre s'échape.

Le premier NICANDRE.

Destin.

Ie suis débarassé de leurs mains à la fin;
Mais le foible mal-heur que celuy que j'éuite
Si le triste Nicandre est haï d'Hipolite;
Elle est seule chez elle, allons-y de ce pas.

Il entre chez Hipolite.

SCENE IX.

Le second NICANDRE, ROBIN, EVTROPE, ISIDORE.

ROBIN *chargé d'vne Valise.*

Ah! que démenager est vn rude tracas!
Peste soit la valise, elle est diablement lourde,
Haye! au meurtre! ah l'échine!

Les deux vieillards estans embrassez, Robin passe auprés d'eux, trébuche, se laisse tomber, & les fait tomber tous deux.

EVTROPE.

Ah maudite balourde!

ISIDORE.

I'ay les muſcles froiſſez, & le corps mutilé.

Le ſecond NICANDRE.

Ce coquin ...Dieux Eutrope! il paroiſt déſolé:
Quoy le pere d'Iſmene eſt dedans cette ville!
A la premiere porte attrapons vn azile,
Fuyons. *Il entre auſsi chez Hipolite.*

SCENE X.

EVTROPE, ISIDORE, ROBIN.

EVTROPE.

Est-ce pour rire, ou du moins es-tu fou?

ROBIN.

Ouy vrayment c'eſt pour rire; on ſe caſſe le cou
Pour rire. C'eſt Eutrope, il faudra qu'on acheue...
Monſieur! ie croy ma foy que le Diable l'enleue,
Ho, Nicandre! il fait gille, & ie ſuis retenu;
Dites-moy, s'il vous plaiſt ce qu'il eſt deuenu
Meſſieurs?

EVTROPE.

Le voyez-vous le malicieux traiſtre?
Il nous a fait tomber pour faire fuir ſon Maiſtre:
Quoy perfide Robin, oſe-tu nous choquer?

ISIDORE.

Dans la priſon prochaine il le faut colloquer,
Et que touchant ſon Maiſtre vne reminiſcence.....

ROBIN.

Moy, Meſſieurs, en priſõ? vous raillez que ie penſe.

EVTROPE.

Dy l'endroit qui le cache, ou du moins nous le réd.

ROBIN.

Si le Diable l'emporte, en puis-je estre garand
Messieurs?

EVTROPE.

Laisse la feinte & paroist plus sincere,
Le mal-heur d'vne fille émeut l'ame d'vn pere;
Peut-estre est-elle grosse, & ie sçay le moyen....

ROBIN.

Ma foy grosse ou menuë il n'y va rien du mien.
De ce qu'à cette fille on peut dire les causes,
Et ne pas se méprendre en faisant choix des choses:
Si dedans vn cachot ie me voyois caché
Ie ferois penitence, & ie n'ay pas peché;
De quoy que mon Estoille aujourd'uy me menace
Ou souffrez que ie peche, ou qu'vn autre la fasse;
Ie ferois à regret penitence gratis.

ISIDORE.

Empéchons que nos vœux ne soient pas mi-partis,
Themis veut qu'on le tolle, & s'il raciocine....

ROBIN.

En son chien de patois qu'est-ce qu'il baragouïne?
Ma mort est resoluë, il le dit en Hebreu.
A condamner Robin differez tant soit peu
Et qu'vn iour à venir le bon Dieu vous le rende
Charitables Messieurs qui voulez qu'on me pende,
Et qui tous acharnez sur vn pauure garçon....
Mais que voicy des gens de méchante façon;
Ah! cõbien les Bourreaux ont de Val[illegible] Chãbre!

SCENE XI.

EVTROPE, ISIDORE, IACINTE, VN SERGENT, *des Archers.*

LE SERGENT.

MEssieurs, de la Iustice ayant l'heur d'estre
Membre ...

ROBIN.

Membre, vous?

LE SERGENT.

Ouyda, Membre; & ie diray de plus....

ROBIN.

Diable, que la Iustice a les Membres dodus!

IACINTE.

On diroit qu'à vos vœux toutes choses réponde,
Ces Messieurs tous ensemble attendoient d'autre
monde,
Et Nicandre.... le traistre où s'est-il retiré?

ISIDORE.

Imperceptiblement il s'est éuaporé;
Mais voila qui le pleige, il faut qu'on l'apprehende;
Que dedans vne Chartre apres on le descende;
Et son procez en suite estant fait, & parfait
Qu'il serue d'holocauste à mon sang putrefect.

EVTROPE.

Vôtre sang, dites-vous? c'est le mien qu'on outrage.

ISIDORE.

C'est le mien.

EVTROPE.

C'est le mien.

ROBIN.

I'ay le dos bon, courage.

A Eutrope.

Vostre fille à ce compte a perdu son honneur?

EVTROPE.

Ouy perfide.

ROBIN *à Isidore.*

La vostre a le mesme mal-heur?

ISIDORE.

Ouy, pecore.

ROBIN *à Iacinte.*

Et le tien?

IACINTE.

Moy? je l'ay.

ROBIN.

Chose vraye?
Car si tu ne l'as plus il faut bien que ie l'aye;
Croy-moy tastes-y, taste, & ne déguise rien,
Tu peux parmy le leur faire passer le tien;
Cependant que d'hõneur tout le mõde me charge,
Signe au bas de la feuïlle, & te mets à la marge.
Ton honneur, si tu l'as.....

IACINTE.

Si? comment si fripon?
Moy, si i'ay mon honneur? si ie l'ay?

ROBIN.

Que sçait-on?

On te void du grand monde imiter la metode,
Tu veux comme ce monde encherir sur la mode,
Ce qu'il fait tu le fais, & pour cette raison
Le Si, dont ie te parle est assez de saison.
Si donc....

IACINTE.

Quoy, vous souffrez que ce perfide cause?

LE SERGENT.

Si de mon ministere il vous plaist quelque chose,
Messieurs....

EVTROPE.

C'est ce pendart qu'il faut prendre.

ROBIN. Qui?

IACINTE. Toy.

ISIDORE.

Accipez.

EVTROPE.

Saisissez.

IACINTE.

Prenez.

LE SERGENT *saisissant Robin.*

De par le Roy....

ROBIN.

Vrais Suppots de Satan, effroyable couuée....
Peste comme le Membre a la teste leuée!
Il me va mener pendre, il n'est rien si constant;
Membre qui démembrez ne me tirez pas tant.

Aux Archers.

Vous petits Membrillons dōt ie crains la presence
Vous, qui du Maistre-Membre accroissez la puissance,

Hapes-Chairs de mõ ame, ah ne permettez point
Que de pierre de taille on me fasse vn pourpoint.
Je suis valet de bien, & c'est pure malice.

EVTROPE.

D'vn méchant rauisseur c'est l'infame complice,
Et l'honneur d'vne fille a rendu desolé....

ROBIN.

Ah Monsieur qu'on me fouïlle on verra si ie l'ay.
L'honneur est necessaire en de bonnes familles,
Et i'en voudrois auoir pour donner à vos filles.
Si pour prendre le mien dans ce lieu l'on m'a pris
Messieurs.....

ISIDORE *au Sergent*.

Vous le tenez *in manibus vestris*,
Sufficit; *Domine* vous sçaurez m'en respondre,
Dans vn sombre manoir vous deuez le profondre,
Puis quand dans sa prison vous l'aurez integré,
L'hostel de Nicander vous sera démonstré.
Sur tout vers sa demeure ayez soin qu'on se muce,
Employez à sa prise & la fourbe, & l'astuce,
L'amiable Hyacinte ira guider vos pas.
Vous Eutrope *in domum* venez prendre vn repas,
Alors qu'à vos douleurs vous aurez donné trêve
Vous me clarifirez le sujet qui vous gréue.
Venez.

EVTROPE.

Vous le voulez, i'accomplis vos souhaits,

Au Sergent.

Debonnaires Messieurs vous serez satisfaits,
Mais au traistre Robin daignez ioindre Nicandre.

SCENE XII.

ROBIN, LE SERGENT, IACINTE

Les Archers.

ROBIN *au Sergent.*

MEmbre, nous sommes seuls, on ne peut nou
entendre,
Dites-moy, puis-je pas vn moment vous parler?

LE SERGENT.

Tu le peux vn moment, que veux-tu?

ROBIN.

M'en aller,
O cher Membre.

LE SERGENT.

Il raisonne, on diroit qu'il méprise.

ROBIN.

Menez donc à ma suite en prison la valise
O Gigot de Iustice, & traisnez auec moy
Mon mal-heureux pacquet dãs la Maison du Roy.

Fin du troiziesme Acte.

ACTE IV.

SCENE PREMIERE.

HIPOLITE, *le premier* NICANDRE.

HIPOLITE.

D'Vne indigne foiblesse à ma gloire mortelle
Tu viens de receuoir vne preuue nouuelle;
e cherchois à te perdre, & tu m'as sceu toucher,
e voulois qu'on te prit, & i'ay sceu te cacher:
e sçay qu'il est honteux que mon sexe soupire,
Mais tel est de l'amour l'inéuitable empire;
Et le feu qu'en son ame vne fille ressent
Pour estre plus contraint n'en est pas moins puissant.
C'est en vain que d'vn cœur où l'amour a pris place
La pudeur en tumulte autorise l'audace;
N'aymer rien que d'aymable est vn foible si doux....

Le premier NICANDRE.

Ah que ce foible est beau quand on brusle pour vous!
Ma flâme impetueuse est pour vous trop fidelle
Pour conuaincre d'erreur vne bouche si belle:
Pourtant quelques respects dont ie sois combattu

Ce que vous nommez foible est toute ma vertu.
Il est doux d'estre aymé, c'est auoir de la gloire;
Mais s'il est doux de l'estre, il est doux de le croire
Vous auez tant d'appas, ie merite si peu,
Qu'vn équitable doute accompagne mon feu:
Ie dois à l'apparence vn amour qui m'honore,
En voyant mes deffauts m'aymerez-vous encore
Consultez-vous, Madame, & sans precipiter ...

HIPOLITE.

Toy-mesme, ingrat, toy-mesme ose te consulter
Auouë ingenument que tu ne peux sans peine
Pour aymer Hipolite abandonner Ismene;
Et que de mes bontez l'injurieux excez
De ta premiere flâme empesche le succez.
Afin que ton destin à mon destin s'attache
I'ay sçeu faire moy-mesme à moy-mesme vn tâche;
On me croit abusée, on te croit suborneur,
Et l'on doit te contraindre à me rendre l'hõneur
Ie te l'ay déja dit, & ton ame est instruite....

Le premier NICANDRE.

Ie l'auois oublié genereuse Hipolite,
Mais il m'en ressouuient, & d'vn cœur amoureux
L'obligeante imposture a remply tous mes vœux
De mon amour aussi daignez estre certaine,
Ie soûpire pour vous, & non pas pour Ismene,
De vos seules beautez ie connois le pouuoir,
Vos yeux seuls...

HIPOLITE.

S'il est vray, tu le peux faire voir

On me croit abusee, & l'honneur te conuie...

Le premier NICANDRE.

Ie vous entends, Madame, & i'en brusle d'enuie,
Ie dois à vostre feinte accorder mon aueu;
Mais l'endroit est mal propre à parler de mon feu.
Vous m'aimez, ie vous aime, il me suffit, Madame,
Appaisez vostre pere en faueur de ma flâme,
Dés demain ie m'appreste au bon-heur de le voir
Pourrez-vous l'appaiser?

HIPOLITE.

I'y feray mon pouuoir,
Adieu.

Le premier NICANDRE.

Donc à ma flâme il n'est rien de contraire...

HIPOLITE *retourne sur ses pas.*

Si ie fais mon pouuoir ie pourray beaucoup faire,
I'oubliois de le dire, Adieu,

Le premier NICANDRE.

Mais.... Elle sort.
Ne sois plus vn obstacle aux douceurs de mon sort
Mõ frere, & souffre au moins qu'vne flâme si belle..
Mais au Cours de la Reyne enfin l'heure m'apelle:
Ie n'ay point de Second, mais du moins i'ay du cœur,
Et de plus mon espée est de bonne longueur.
Il est vray qu'assez foible est le bras qui seconde...

SCENE II.

ROBIN, *le premier* NICANDRE.

ROBIN *auec vne bouteille à la main.*

AH mon bon Dieu! pourtant ie ne vois point
de monde.
Ces maudits Houspilleurs comme ils m'ont fait
driller. *appercevant Nicandre.*
Autre Chasse-Coquin qui m'entend babiller;
Il me l'orgne. Ah c'est vous, ô Messire Nicandre,
Bon jour.

Le premier NICANDRE.

Dy promptement ce que tu veux m'aprendre,
Ie ne puis faire icy qu'vn moment de sejour,
Si tu veux me parler parle viste.

ROBIN.

Bon jour.
Des mains de la Iustice est-ce ainsi qu'on s'arrache?
Eh que si le bon homme eût trouué vostre cache!

Le premier NICANDRE.

Si ie me cache ou non que t'importe?

ROBIN.

Cy fait
Il m'importe.

Le premier NICANDRE.

Il t'importe! As-tu quelque sujet
Maraut....

ROBIN.

Faudra-t'il point que ie vous rende grace
De ce qu'au lieu de vous en prison on m'enchasse?

Le premier NICANDRE.

On t'a mis en prison!

ROBIN.

Et bien mis, qui plus est,
Les bourreaux.

Le premier NICANDRE.

C'est, dis-tu, pour mon seul interest?

ROBIN.

Nenny, c'est pour le mien ; ie suborne des filles,
Et ie suis en amour grand abateur de quilles.

Le premier NICANDRE.

Ne veux-tu me donner que de sottes raisons?

ROBIN.

Ne vous souuient-il pas des deux chiens de grisons
Vôtre futur beau-pere, & son cher meigre-échine?

Le premier NICANDRE.

Hé bien.

ROBIN.

Tu Dieu, Monsieur, la méchante vermine!
A peine de leur veuë estiez-vous échapé
Qu'vn gros peste de Membre aussi-tost m'a gripé;
L'vn & l'autre grison ne sçauoit où se prendre;
Moi n'ayãt point d'hõneur que ie pusse leur rendre
Au redoutable son d'vn seul, *De par le Roy*
Cinq ou six Poussecus se sont iettez sur moy,
Et par tant de costez m'ont fait coure si viste
Qu'à la fin, grace aux Dieux ils m'ont mis dans le giste.

On nous croit de concert, & l'on s'eſt fouruoyé.

Le premier NICANDRE.

Voyant ton innocence on t'a donc renuoyé?
On s'eſt donc apperçeu de cette erreur extréme?

ROBIN.

Ie m'en ſuis, par ma foy, reuenu de moy-meſme.
Conſiderez le tour que ie viens de jouër;
Mes Archers occupez à me faire écrouër
Auoient mis à la porte vn niais à merueille;
Moy trouuant ſur vn banc cette chere bouteille
D'vne joye effrontée étouffant mon chagrin
Ie luy ſuis allé dire, *Où vend-on de bon vin?*
J'ay ceans des Amis que ie veux faire boire.
A la belle Eſpouſée, ou bien à la Croix noire,
Me répond bonnement mon niais d'apprenty;
Auſſi-toſt porte ouuerte, auſſi-toſt moy ſorty,
Puis plus viſte qu'vn Baſque enfilant la venelle
Paſſant d'vne ruelle en vne autre ruelle,
I'ay tant fait qu'à la fin i'ay trouué le moyen....
Mais, ô Monſieur, Monſieur... Ne bougez, ce n'eſt rien.
Voſtre bourreau d'amour à cent craintes m'expoſe.

Le premier NICANDRE.

De ton dernier mal-heur ie ſuis la ſeule cauſe,
Mais n'apprehende plus de t'y voir expoſé,
Ma Maiſtreſſe eſt contente, & ſon pere appaiſé.
On m'attend de ce pas dans le Cours de la Reyne,
Ie veux à mon retour reconnoiſtre ta peine;
Ie reuiens dans vne heure, attend-moy dãs ce lieu

ROBIN.

Mais tout est appaisé?

Le premier NICANDRE.

Ie te le iure, Adieu.
Desormais de Sergens ne crains nulle surprise.

SCENE III.

ROBIN *seul*.

IL n'a pas dit le mot concernant sa valise,
Elle est pourtant restée, & puissay-je mourir
Si iamais i'ay dessein de l'aller requerir.
Quelque fou.

SCENE IV.

ROBIN, IACINTE.

ROBIN.

TE voicy cauteleuse pucelle,
(Ou du moins s'il n'est vray, fille soy-disant telle;
Car d'oser en iurer i'aurois peu de raison.)
Te voicy.

IACINTE.

Le perfide, il est hors de prison!

ROBIN.

Te voicy donc, te dis-je & te voicy-toy seule;
Ta carongne de main m'a baillé sur la gueule,
Tu le sçais, la pucelle?

IACINTE.

Et bien ouy, ie le sçay.

ROBIN.

Et sçais-tu bien aussi que i'en suis offencé
La pucelle?

IACINTE.

Moy? non.

ROBIN.

Mais dy-moy, la pucelle.....

IACINTE.

Mais toy-mesme, dy-moy si tu cherches querelle:
Tu me nommes pucelle, & pretens te moquer
Ie le voy; mais apprend si tu m'oses choquer
Que ie suis de colere à toute heure pourueuë,
Et que si ie m'y mets ie te saute à la veuë;
Sçache qu'en ma furie acharnée à ta peau
I'en sçauray de chaque ongle arracher vn lambeau
Et si plus en raillant tu me nommes pucelle
Pour te mieux faire voir qu'en effet ie suis telle,
Sçache que mon courroux qu'on ne peut égaler...

ROBIN.

Ah tout beau! Ie suis prest de te depuceler!
Si ce n'est que cela n'ayons point de querelle,
Qui peut empuceler aisément dépucelle;
Et si tu sens de l'estre vne demangeaison....

SCENE V.

Le second NICANDRE, IACINTE, ROBIN.

Le 2. NICANDRE *sortant de la maison d'Isidore.*

A La fin ie te quitte, ô propice maison.
Eutrope en me voyant m'auroit fait de la
Mais enfin.... [peine,

IACINTE *appercevant tout à coup Nicandre.*

Ie vous cherche, ô l'esclaue d'Ismene.

Le second NICANDRE.

Dieux! Iacinte me cherche! auroit-on preuenu....

ROBIN.

Que du Cours de la Reyne il est tost reuenu!
Diable!

Le second NICANDRE *à Iacinte.*

Que voulez-vous, la belle?

ROBIN.

Pour la belle
Baste; mais gardez bien de l'appeller pucelle,
Vous luy feriez tort.

Le second NICANDRE.

Traistre.... Enfin dites-moy donc....

IACINTE *arrestant Nicandre par le bras.*

Vous me paîrez ma peine, & paîrez tout du long;
Celle qui vous aymoit est si fort en colere
Que de vous faire prendre elle a prié son pere.

Le second NICANDRE.

Me croit-elle volage? elle dont le pouuoir....

IACINTE.

Mon Dieu, ce qu'on vous croit vous pourrez le sçauoir,
Et si tantost son pere auoit eu la puissance....

Le second NICANDRE.

I'ay pris soin, il est vray, d'éuiter sa presence;
Mais il n'estoit pas seul, & ie n'ay pas osé....

ROBIN *à Nicandre.*

La Maitresse est contente, & le pere appaisé.
Ah! le menteur.

Le second NICANDRE.

Ta langue vn peu trop s'émancipe.

ROBIN.

Si le Membre repasse, & que l'on me regripe?

Le second NICANDRE.

L'insolence d'vn traistre ira donc iusqu'au point.

ROBIN.

C'est de l'honneur qu'on cherche, & vous n'en auez point.

Le second NICANDRE.

Tu ments traistre, i'en ay, mais si tu n'apprehendes....

ROBIN.

En aurez-vous assez pour deux filles friandes?
Si de les contenter vous n'auez le moyen,
Ayant pris vostre hõneur elles prendront le mien.

Montrant Iacinte.

Elle mesme est d'honneur tellement amoureuse

Que vous n'en aurez pas pour sa seule dent creuse;
Ainsi quoy que l'on fasse en vn tel embarras
Deux honneurs si petits ne leur suffiront pas.
Pensez-y bien.

Le second NICANDRE.

Perfide, ainsi donc ton audace...
Mais laissez moy, Iacinte, & daignez....

IACINTE.

Point de grace.
Celle qui vous aymoit a le seul interest....
Mais pour vostre mal-heur la voila qui parait.

SCENE VI.

HIPOLITE, IACINTE, *le second* NICANDRE, ROBIN.

IACINTE.

VEnez viste, Madame, autrement il m'échape,
Il faut faire si bien que Mendoce l'attrape;
Ie viens de quitter qu'il attend le retour....

HIPOLITE.

qu'il auoit dans l'ame il l'a sceu mettre au jour.
ne suis plus, Iacinte, Hipolite irritée,
donne ma tendresse à qui l'a meritée,
de peur que mon pere entendit vos discours
uis venuë en haste embrasser son secours.
il l'outrage m'outrage, & mõ ame & la sienne...

ROBIN *à Iacinte.*

Ie veux t'aymer aussi bonne peste de Chienne.

IACINTE.

Toy m'aymer ? tu veux donc oublier le soufflet.

ROBIN.

Ie mets tout sous les pieds, & ie suis ton valet.

IACINTE.

Quoy, tu pourrois.....

ROBIN.

Mon Dieu, ie ne cours pas grand risqu
Si ie suis ton mary ie reprendray ma bisque,
Et dessus ton visage appliquant tous mes doits
Pour vn soufflet receu ie t'en donneray trois.

Le second NICANDRE.

Quelles grace, Madame, ay-je droit de vous rédr
Hipolite elle mesme a voulu me deffendre!
Que feray-je pour vous qui réponde iamais....

HIPOLITE.

Vous sçauez le moyen de remplir mes souhaits,
C'est cela qu'il faut faire, & j'attends de Nicādre

Le second NICANDRE.

Robin, que me dit-elle? & que viens-je d'entend
Moy, ie sçais le moyen de remplir ses souhaits!

ROBIN.

Si vous le sçauez?

Le second NICANDRE.

Moy, ie le sçais?

ROBIN. A peu p

Le second NICANDRE.

Que feray-je ? pour faire vne chose qui plaise..

ROBIN.

Et que fait-on ? pour faire vne fille bien aise,
Idiot ?

Le second NICANDRE. *à Hipolite.*

Vous seruir m'est vn bien precieux,
Mais daignez vous resoudre à vo⁹ expliquer mieux;
Ie vous veux obeïr, i'y mets toute ma gloire,
Mais....

HIPOLITE.

Vous auez, Nicandre, vne foible memoire,
N'attendez plus pourtant de si libres propos,
I'ay trop....

ROBIN *à Nicandre.*

Conceuez-vous ce que disent ces mots?
Pauure fille !

IACINTE *à Hipolite.*

Expliquez aussi vostre pensée.

ROBIN.

Son honneur la suffoque, elle en est si pressée
Qu'elle étouffe. Ma foy ie vous sçais mauuais gré
Car si vous le vouliez vous seriez honoré.

Le second NICANDRE.

Mais ie ne comprends pas quel sera le seruice...

ROBIN.

Vous ne comprenez pas, mais c'est pure malice,
Car il ne tient qu'à vous de comprendre.

Le second NICANDRE.

Elle veut...?

ROBIN *à Hipolite.*

Madame, comprenons, si comprendre se peut....

Le second NICANDRE.

Impertinent... De grace, excusez si ce traistre....

HIPOLITE.

Le valet ne fait rien qu'à l'exemple du Maistre.
Vid-on jamais Iacinte vn si volage amant?

IACINTE.

Pourquoy vous fiez vous à ce chien de Normand
Aussi?

Le second NICANDRE.

Si ie sçauois qui vous met en coler
Peut-estre.....

HIPOLITE.

En ta faueur i'eusse appaisé mon per
(Car tu viens de sortir de ce mesme logis.)

Le second NICANDRE.

Il est vray que i'en sors, mais au moins....

HIPOLITE.

Ie roug
De ce qu'vn infidelle en a fait son azile.

Le second NICANDRE.

Il m'a donné, Madame, vne retraite vtile;
Mais insensiblement ie m'y suis égaré.
Vne cour derobée où i'estois retiré....

HIPOLITE.

L'imposteur!

ROBIN *à Nicandre.*

Cum licence, ostez-moy d'vne pei
Monsieur; en quelle ruë est le Cours de la Re

Le second NICANDRE.

Maraut.

ROB

ROBIN.

Vous en venez, vous deuez le sçauoir.

HIPOLITE.

Dans ce mesme logis tu n'as donc pû me voir?

Le second NICANDRE.

Moy vous voir!

HIPOLITE.

Toy qui ments auec tant d'asseurance?
Toy qui d'vn galant hõme as la seule apparence.
Toy qu'vn sang assez bon semble auoir esleué,
Et qui n'est cependant qu'vn perfide acheué.
Ie t'ay de ce logis applany la sortie.

Le second NICANDRE.

Vous Madame?

HIPOLITE.

Moy traistre, & ton ame l'oublie.

Le second NICANDRE.

Vous?

HIPOLITE.

Moy.

Le second NICANDRE.

Quoy qu'il en soit i'en prends peu de soucy,
Puis que vous le croyez ie le veux croire aussi,
Ie me retire. Adieu trop charmante Hipolite,
Ce n'est pas sans regret que Nicandre vous quitte:
Mais Ismene elle seule a droit de me charmer,
Et pour peu que ie reste il faudra vous aimer,
Adieu.

ROBIN *à Iacinte.*

Ie me retire, & pourtant, ô friponne,

Ce n'est pas sans regret que Robin t'abandonne;
Car quand dés ce matin ie t'ay veuë en ce lieu....
C'est ma foy plustost fait de ne dire qu'Adieu.

SCENE VII.

HIPOLITE, IACINTE.

HIPOLITE.

SI iamais tu m'aimas, cours apres ce Nicandre,
Fais si bié par tes soins qu'on le puisse surprédre,
Il s'en va du costé que Mendoce l'attend.

IACINTE.

Mais Madame....

HIPOLITE.

Cours viste, & ne parle point tant;
Vole s'il est possible, & fay qu'on le saisisse.
Mais que vois-je? *Iacinte sort.*

SCENE VIII.

ISMENE, HIPOLITE.

ISMENE *reuenant du Cours, où elle a fait saisir le premier Nicandre.*

A Vos vœux tout semble estre propice,
Il vous aime Nicandre, & me fait vn affront
L'ingrat.

HIPOLITE.

S'il m'aime, il fait ce que bien d'autres font.

ISMENE.

A donner cœur pour cœur vous aués esté prompte.

HIPOLITE.

Ie n'ay pas entrepris de vous en rendre conte.

ISMENE.

De ses premiers liens vous l'auez arraché.

HIPOLITE.

Donc assez foiblement il estoit attaché.

ISMENE.

D'accord. Mais vos appas ont de telles amorces....

HIPOLITE.

S'ils vous ont fait trembler ils ont assez de forces.
Non sans vostre soupçon que ie creusse en auoir;
Mais qui les apprehende en connoist le pouuoir.

ISMENE.

Iugez-en mieux, Madame, vn honteux artifice
De vos foibles appas a sçeu faire l'office;
C'est cela qui me choque, & cela qui m'aigrit.

HIPOLITE.

Qui charme sans appas n'a pas manqué d'esprit.

ISMENE.

Ie le croy. Sçauez-vous le destin de Nicandre?

HIPOLITE.

Non ie ne le sçay pas: mais on va me l'apprendre.
Escoutez ma Suiuante, elle vient droit icy.

Ragotin vient d'vn costé, & Iacinte de l'autre.

ISMENE.

Point Madame, vous-mesme escoutez celuy-cy;

Mais tremblez de frayeur.

HIPOLITE.

Ayez-en l'ame atteinte.

SCENE IX.

ISMENE, HIPOLITE, RAGOTIN, IACINTE.

ISMENE *auec beaucoup de fierté.*

HE' bien cher Ragotin?

HIPOLITE *auec beaucoup de fierté.*

Hé bien chere Iacinte?

RAGOTIN *à Ismene parlãt du premier Nicandre.*

Il est enseuely dans le grand Chastelet.

IACINTE *à Hipolite parlant du second Nicandre.*

En ma propre presence on l'a pris au colet.

RAGOTIN.

Ie l'ay veu dans la Morgue, où ie croy qu'il enrage.

IACINTE.

Pour apprendre à chanter on l'a mis dans la cage.

RAGOTIN.

Il ne presumoit pas qu'on luy fit cét affront.

IACINTE.

Il ne se doutoit pas d'vn orage si prompt.

RAGOTIN.

Il vous nomme perfide.

IACINTE.

Il vous nomme cruelle.

ISMENE *à Hipolite.*

Escoutez.

HIPOLITE *à Ismene.*

Escoutez.

ISMENE.

Que dit-il?

HIPOLITE.

Que dit-elle?

ISMENE.

Vous le voyez, Madame, on l'a mis en lieu seur.

HIPOLITE.

A qui vient de si loin cela semble assez dur:
Mais plaignés son malheur, soûpirez sãs rien craindre.

ISMENE.

Ie ne l'ay pas fait prendre à dessein de le plaindre,
On l'a pris par mon ordre,

HIPOLITE.

On l'a pris par le mien.

ISMENE.

Le sçauez-vous, Madame?

HIPOLITE.

Ouy, ie le sçay.

ISMENE.

Mal.

HIPOLITE.

Bien.

RAGOTIN.

C'est par l'ordre à Monsieur.

IACINTE.

C'est par l'ordre à Madame.

RAGOTIN.

Effrontée.

IACINTE.

Arrogant.

RAGOTIN.

Impertinente.

IACINTE.

Infame.

RAGOTIN.

Ne raifonne pas tant, ie t'en prie.

IACINTE.

Et pourquoy

Hé?

RAGOTIN.

Si dans ma fureur ie me jette fur toy

Tu verras beau jeu.

IACINTE.

Ladre.

RAGOTIN.

Aiguillon de vipere.

IACINTE.

Croyez-m'en Hipolite, appellons voftre pere,

Ifidore!

SCENE X.

ISIDORE, EVTROPE, ISMENE, IACINTE, RAGOTIN.

ISIDORE.

AVdio, cela veut dire l'oy,
C'est le present du verbe *Audire*.

ISMENE.

Ie le voy.

RAGOTIN.

Qui, Monsieur ?

ISMENE.

Ragotin ma surprise est extrême.

RAGOTIN.

Qui voyez-vous?

ISMENE.

Ce l'est, c'est mon pere luy-mesme.

ISIDORE *à Iacinte.*

efinis-moy la cause, & dis-moy la raison....

IACINTE.

a cause est que Nicandre est dans vne prison:
ais ce demy Monsieur qui dessous sa jaquette....

ISMENE.

passe pas plus outre impudente Soubrette,
couurant qui ie suis tu pretends me punir,
ur te punir toy-mesme il te faut preuenir.

Vn adueu legitime autorise ma flame,
Ie suis demy Monsieur; mais entiere Madame,
Ce vieillard est mõ pere,& c'est tout mõ bon heur,
I'ose.....

RAGOTIN *à Ismene.*

Vous estes donc vne fille, Monsieur?

EVTROPE.

Quoy! Ma fille....

ISMENE.

Mon pere!

EVTROPE.

As-tu pû me connaistre.

RAGOTIN *à Ismene.*

Ie couchois d'ordinaire aux costés de mon Maistre,
Il estoit si peureux que i'estois son appuy;
N'estes-vous point peureuse aussi bien comme luy?

ISMENE *à Eutrope.*

Ie partis de Lyon sans vous en rien apprendre,
Pour venger mon iniure,& pour perdre Nicandre;
I'ay trouué que Madame en a fait son Amant;
Mais sa lasche inconstance aura son chastiment,
Il est pris.

HIPOLITE *à Isidore.*

Vous sçauez ce que m'a fait Nicandre.

ISIDORE.

Maculée.

HIPOLITE.

A la fin ie l'ay sçeu faire prendre;
Mais Madame qui l'aime, & qui vit sous sa loy....

ISMENE.

Il est vray que ie l'ayme, & c'est à faire à moy;
Mais il faut que mon pere en secret m'interroge,
Allons où vous logez, où venez où ie loge,
Si iamais la tendresse esbranla vostre cœur,
Si iamais.....

EVTROPE.

Tu sçais bien que i'ay peu de rigueur.

A Isidore.

Et vous quoy que pour moy vostre bonté paroisse,
N'attendez nullement que ie la reconnoisse,
Puis que quoy que Nicandre ait commis contre vous,
Ie veux que de ma fille il deuienne l'Espoux:
C'est estre ingrat Amy, mais c'est estre bon Pere.

ISIDORE.

I'ay trop eu pour Eutrope indulgence pleniere,
I'eusse recidiué; mais ie veux que mes-huy
Mon esprit se gendarme allencontre de luy,

Isidore s'en va d'vn costé, & Eutrope de l'autre.

HIPOLITE *à Ismene.*

Consolez-vous, vous pouuez tout pretendre,
Demain dans la prison vous reuerrez Nicandre.

ISMENE.

Vous dites vray, Madame, & ce qui m'est bien doux,
Vous le verrez aussi sans qu'il puisse estre à vous.

IACINTE *à Ismene.*

Adieu donc voyageuse.

ISMENE.

Adieu bonne rusée
Intrigueuse.

IACINTE.

Adieu donc fille garçonnisée.

RAGOTIN *à Iacinte.*

Elle garçonnisée, instruits-moy de son sens?

IACINTE.

Elle l'est par dehors.

RAGOTIN.

Et tu l'es par dedans.

Hipolite & Iacinte s'en vont du costé d'Isidore, & Ismene & Ragotin du costé d'Eutrope.

Fin du quatriesme Acte.

ACTE V.

La Scene paroist vne Court de Prison.

SCENE PREMIERE.

Le second NICANDRE, ROBIN *en calçon & vne boëtte à quester en main.*

Le second NICANDRE.

A Voir de mon amour l'auenture bizarre,
On diroit que le sort contre moy se declare;
Moy coucher en Prison! Moy qui sçais le moyen...

ROBIN.

Moy qui crois vous valoir, Monsieur, i'y couche bien.
Dites-moy, vostre giste est-ce vn giste passable?

Le second NICANDRE.

On n'a dans la Prison point de chambre agreable;
Mais l'endroit où ie couche est pourtãt assez beau.
C'est dans la Chambre-neufue.

ROBIN.

Et moy dans le Berceau:
bon peste de giste! on diroit d'vne Caue;
vne vieille muraille on ramasse la baue,
de foin tout pourry les petits brins épars
nt sans cesse traisnez par Messieurs les Piquars.

Le second NICANDRE.

Mais d'où vient que si tard ta personne est si nuë?

ROBIN.

On m'a pris mes habits pour ma bonne venuë,
Et tous mes Compagnons, les Filoux de ceans,
(Qu'au filoutage prés ie trouue braues gens;
Car ils sont si benins que de peur de rancune
Ils ont pris mon bagage au deffaut de pécune.)

Le premier NICANDRE.

Tes habits sont mangez?

ROBIN.

Ouy, Monsieur.

Le second NICANDRE.

Est-ce ainsi.

ROBIN.

S'ils m'auoient pû manger ils l'auroient fait aussi.
Peste, ces affamez sont de vrais fripe-sausses.

Le second NICANDRE.

Quoy, tu n'as ni pourpoint? ni casaque? ni chausses
Ils ont tout aualé sans rien mettre à l'écart?

ROBIN.

Nenny pas tout à fait, i'en ay mangé ma part.
Mais ce qui me cõtente ils ont l'ame assez franch
Outre qu'ils m'ont promis que i'aurois ma r
uanche,
Ils souffrent bonnement que ie rie auec eux,
Et i'ay desia la boëtte à quester pour les gueux.
I'y feray bien mon compte.

Le second NICANDRE.

Et comment, Ridicu

R

ROBIN.

Et par le petit trou quand ou forre la mule.
Ah que i'auray bien-tost regagné mon habit.

Le second NICANDRE.

On n'y met rien.

ROBIN.

Ma foy, l'on me l'a déja dit;
Mais si l'on y mettoit c'estoit bien mon affaire.

Le second NICANDRE.

Ce n'est certes qu'à moy que le sort est contraire!
Mais sortons de ce lieu, ie vais faire vn écrit....

ROBIN.

N'en sortons point, Monsieur, que ie n'aye vn habit,
Je vous en prie.

Le second NICANDRE.

Ecoute, en cas qu'on me demande
Tu viendras me querir, & diras qu'on m'attende,
Ou du moins si tu veux tu pourras m'appeller.

Il sort.

SCENE II.

ROBIN *seul.*

L a le Diable au corps de vouloir s'en aller.
Du fidele Robin le bon-heur l'importune,
mourroit de regret si ie faisois fortune,
de sortir d'icy le bourreau n'a dessein

Qu'à cause qu'à present il me void dans le gain.
Mais l'on ouure ; l'on entre ; allons faire la queste.

SCENE III.

ROBIN, ISMENE.

ROBIN.

Mettez-viste, Monsieur, de l'argent dans la boëste.

ISMENE.

Vne autre fois.

ROBIN.

Mettez ; on n'a point de credit

ISMENE.

Mais l'amy....

ROBIN.

Mais l'amy..... j'ay besoin d'vn habi
Monsieur.

ISMENE.

Ou ie me trompe, ou ie croy te connaistr
Quel es-tu?

ROBIN.

Moy? ie suis tout ce que ie puis estr
Receueur (il est vray qu'à ne vous celer rien
La recepte est petite, & ne va pas trop bien;
Mais faut-il de regret que ie m'en aille pendre?)

ISMENE.

Ie t'ay veu dans Lyon souuent suiure Nicandre,

ROBIN.

Si vous m'auez veu là, vous me voyez icy.

ISMENE.

Tu ne me connois pas?

ROBIN.

Il me semble que cy.
A remettre vos traits i'ay pourtant de la peine;
Ne vous nommez-vous pas Monsieur, Madame
Ismene?

ISMENE.

Ouy, Robin, c'est Ismene. Et ton Maistre, l'ingrat?
Le perfide?

ROBIN.

Mon Maistre? il est fort delicat.
I'ay peur dans la prison qu'il n'amasse du rhume.

Ismene met deux Louys dans la boëste de Robin, & Robin qui fait ses efforts pour en faire tõber quelqu'vn, voyant qu'il ne le peut, parle en luy-mesme si iustement au sens d'Ismene, qu'elle croit qu'il répende à ses demandes.

ISMENE.

Va, sa flame l'échauffe, & l'amour le consume;
Mais voila deux Louïs, recois-les de ma main,
Et du traistre Nicandre apprends-moy le dessein.
N'a-t'il point de regret de ce qu'il m'a perdue?
Ne veut-il pas me rendre vne foy qui m'est duë?
Agy. Par ton moyen si l'ingrat se resoud...

ROBIN *parlant des Louys qu'il ne peut auoir.*
Ie suis trop mal-heureux pour en venir à bout.

ISMENE.

Toy qui sers cét ingrat, ne peux-tu faire en sorte,
Robin.....

ROBIN *parlant des Louys.*

Si je le puis, que le Diable m'emporte.

ISMENE.

Tu ne le peux? le traistre a donc bien du mespris.
D'vn amour reciproque il dedaigne le prix;
Croyant a son depart qu'il m'adoroit dans l'ame
I'ay mis tous mes plaisirs à respondre a sa flâme;
I'ay mis tous mes plaisirs au bon-heur d'estre vnis;
I'ay mis.....

ROBIN *parlant de Louys.*

Où Diable aussi les auez-vous là mis?

ISMENE.

Que veux-tu? ie l'aymois; il me sembloit sincere,
A son volage cœur ie croyois estre chere;
I'auois en sa faueur des sentimens si doux,
Robin.....

ROBIN *songeant à ce qu'Ismene dit.*

Plais-il? quoy? qu'est-ce? & que me dites-vous?
Vous voulez voir mon Maistre, ayez soin de m'attendre.
Non, ne m'attendez pas, ie l'appelle. Nicandre!

Le premier NICANDRE, *à une fenestre grillée.*

Qui m'appelle?

ROBIN.

C'est moy.

Le premier NICANDRE.

Qui?

ROBIN.

C'est moy.

Le premier NICANDRE.

Qui toy ?

ROBIN.

Moy.

Le premier NICANDRE.

Et qui donc est-ce là que ie vois auec toy ?

ROBIN.

C'est elle.

Le premier NICANDRE.

Qui ?

ROBIN.

C'est elle.

Le premier NICANDRE.

Et qui donc ? dy.

ROBIN.

C'est elle.

Le premier NICANDRE.

Qui que ce soit n'importe, il suffit qu'on m'appelle.
Ie descends.

ISMENE *à Robin.*

Que dis-tu, de la peine qu'il a ?
N'as-tu pas apperceu... mais l'ingrat le voilà.

SCENE IV.

ISMENE, *Le premier* NICANDRE, ROBIN.

ISMENE.

HE' bien, Nicandre?

Le premier NICANDRE.

Hé bien, Madame, estes-vous lasse
De me ioüer des tours de si mauuaise grace?
Quels appas auez-vous qui puissent me charmer?
Et par quel priuilege ay-ie dû vous aymer?
Y suis-ie obligé, moy? voulez-vous m'y cõtraindre?

ISMENE.

Si tu n'as pû m'aymer volagé, as-tu dû feindre?
Et ne faloit-il pas pour le bien de mes iours
Ou ne m'aimer iamais, ou bien m'aimer toûjours?
Mais écoute, il est temps que tu m'ouures ton ame,
Ie t'ay fait mettre icy, tu le sçais?

Le premier NICANDRE.

Ouy, Madame,
Et sans perdre vn moment en propos superflus,
Sçachez....

ROBIN *à Nicandre.*

Depuis quand donc ne l'adorez-vous plus
Nostre cher?

Le premier NICANDRE.

Dis-tu moy? i'ay plutost de la hayne....

ROBIN,

Que diable dites vous étourdy ? c'est Ismene
Que vous aymez tant.

Le premier NICANDRE.

Moy ? ie n'ay iamais pensé.

ROBIN,

C'est Ismene, vous dis-je, estes vous insensé?
Elle qui dans Lyon arresta vostre course....

ISMENE.

Moy qui de son bon-heur voulois estre la source.
De publier sa honte ou m'épargne le soin,
Dans son propre valet ie rencontre vn témoin,
Et par vn procedé qui sent l'ame de bouë
Il fait vn desaueu qu'vn valet desauouë.
Poursuis, Robin, poursuis, & d'vn Maistre pareil....

Le premier NICANDRE.

Il a suiuy, Madame vn si rare conseil.
Vous l'auiez bien payé pour m'appeller son Maistre,
Mais par mal-heur pour vous ie n'ay pû le connaitre.
L'artifice estoit foible, & ie suis delicat,
Madame.

ROBIN.

Ah iustes Dieux, le maudit renegat!
C'est donc quand il vous plaist que vous estes mon Maistre?

Le premier NICANDRE.

Iamais ie ne le fus, & ne veux iamais l'estre.
I'aurois trop de regret si la moindre vnion....

ISMENE.

Et qui donc te seruoit quand tu vins à Lyon?
Mais tu n'y fus jamais, tu le vas faire accroire.

Le premier NICANDRE.

I'ay trop peu de foiblesse,& trop bonne memoire.
On m'a veu dans Lyon faire assez de sejour,
Mais ce n'est qu'à Paris que i'ay pris de l'amour.

ISMENE.

Ah méchant!

Le premier NICANDRE.

Moy meehant! c'est me faire iniustice.

ROBIN.

Renier vn valet c'est vn beau petit vice.
Il appelle cela des chansons

ISMENE.

Resous-toy;
Voy qui tu veux aymer d'Hipolite ou de moy;
Epargne à mon amour le regret de te nuire,
I'oubliray ton forfait si tu veux t'en dédire,
Et pour mieux te contraindre à paraistre surpris
I'auray plus de bonté que tu n'as de mépris.

Le premier NICANDRE.

Et moy qui suis sensible,& qui vois qu'on m'abuse
I'auray plus de mépris que vous n'aurez de ruse;
De ce lasche coquin ie fuiray l'entretien;
Il me dira son maistre,& ie n'en croiray rien;
Dédaignant les deffauts, honorant le merite,
Ie sçauray vous haïr comme i'ayme Hipolite,
Et n'estoit vostre sexe,eût-on dû m'en blasmer
Vous seriez en estat de jamais ne m'aymer,

sortez.

ISMENE.

Pardonne ingrat ma visite obligeante.
Au reste agonisant d'vn amitié mourante,
Qui pour ton interest augmentant de moitié
Arrachoit vn auis à ma lasche pitié;
Tu ne m'écoutes pas, mais redoute mon pere,
Adieu, ie vais moy-mesme irriter sa colere,
Dans assez peu de temps nous serons en ce lieu.

Ismene sort.

SCENE V.

Le premier NICANDRE, ROBIN.

ROBIN.

VOus voila justement comme il plaist au bon Dieu.
Vous venez là de faire vn bon chien de ménage.
Continuez, l'amy.

Le premier NICANDRE.

Tay-toy, traistre, ou....

ROBIN.

I'enrage,
Et ie souhaiterois que chacun souhaitât
Qu'au milieu de la gréue on vous decapitât.
Lentendron l'idolatre, & Monsieur le neglige;
Une Ismene l'adore, & Monsieur....

Le premier NICANDRE.

Tay, te dis-ie.

Ou bien si de ta voix rien n'arreste le cours
Dy-le nom d'Hipolite, & m'en parle toujours:
Si tu veux que pour toy mon courroux se désarme
Détruis vn nom haï, par vn nom qui me charme,
Et pour l'vn & pour l'autre agissant tour à tour
En approuuant ma hayne applaudy mon amour.
Là dessus, cher amy le Seigneur te console,
Iusqu'au reuoir. *Nicandre s'en va*

SCENE VI.

ROBIN *seul.*

ET toy, le Bourreau te décole
Fou des plus acheuez, dont les sens abestis
Pensent.... Mais des verroux i'entends le cliquetis
Quelqu'vn entre.

SCENE VII.

ROBIN, IACINTE.

ROBIN *appercevant Iacinte.*

BOn jour.

IACINTE.

Ah c'est toy!

ROBIN.

Belle bel

A voir ce que ie porte on connoist que ie queste;
Tout questeur que ie sois si tu fais vn souhait
Tu peux tendre ta boëste, & ie donne mon fait
I'ay deux Louis, ie t'ayme.

IACINTE.

Il n'est pas temps encore
Ie viens voir....

ROBIN.

Voy traistresse vn Robin qui t'adore,
Et qui pour t'auoir veuë vn peu plus qu'il ne faut,
N'est vestu que de toille, & s'il brusle de chaud.

IACINTE.

Ie viens dire....

ROBIN.

Dy-moy, femelle insecourable
Si l'on peut long-temps viure, & brusler comme vn Diable;
Et si tu n'agis pas d'vne ingrate façon
De me voir estre braise, & que tu sois glaçon.

IACINTE

Ie viens faire....

ROBIN.

Toy faire? hé bien fille mauuaise,
Il ne tiendra qu'à toy de me faire bien aise;
Ou du moins connoissant que tu m'aymes si peu
Souffre glace pour glace, ou me rend feu pour feu.

IACINTE.

Ie viens pour....

ROBIN.

Tu viens pour? ce n'est pas assez dire;

Viés-tu pour m'obliger, ou viés-tu pour me nuire
Et puisqu'asseurement dans ce lieu tu viens pour,
Dy-moi si c'est pour haine, ou si c'est pour amour

IACINTE.

C'est pour amour. Ton Maistre en a-t'il l'am
atteinte ;

ROBIN.

Le Maistre ayme Hipolite, & le valet Iacinte.

IACINTE.

Tu te railles, peut-estre, & te mocques de nous,
Car Ismene.....

ROBIN.

La Dône a ma foy du dessous
Elle vient de sortir qui deteste Nicandre,
De lui-mesme à lui-mesme elle a dit pis que pédr
Il auoit le dessein de luy rompre le cou.

IACINTE.

Ayme-t'il Hipolite?

ROBIN.

Il en est parbieu fou.
Quand on parle d'Ismene on le choque, on l'irrite
On le touche on le charme en parlant d'Hipolite
Et ce nom par luy-mesme est si fort répeté....

IACINTE.

Attend, mon cher Robin, tu seras contenté.
Voyons dans la geole, Hipolite y doit estre,
Elle m'a fait entrer pour pressentir ton Maistre,
Et puisqu' enfin Nicandre à l'aymer se resout,
Disons-luy qu'elle vienne, & l'informe de tout.
Hipolite! Hipolite!

SCEN

SCENE VIII.

HIPOLITE, IACINTE, ROBIN.

IACINTE.

ALlons-donc, paresseuse,
Nicandre est amoureux, comme vous amoureuse;
Et Robin que voila qui soupire pour moy
M'en répond corps pour corps, & m'en iure sa foy.
C'est vous seule qu'il ayme, & qu'il trouue d'aymable.

HIPOLITE.

En est-il bien certain?

ROBIN.

Ouy, ie me donne au Diable.

HIPOLITE.

Mais Ismene l'adore, elle veut recouurer....

ROBIN.

En ma propre presence il la vient de sevrer.
Mais voyez, on diroit que le Ciel nous l'enuoye.

IACINTE.

Si tu penses....

ROBIN.

Iacinte, il va mourir de ioye;
Ie le sçay de science, & ie t'en donne auis;
Iamais nul amoureux n'eut les sens si rauis;
Et tu vas voir.

SCENE IX.

Le second NICANDRE, HIPOLITE, IACINTE, ROBIN.

Le second NICANDRE.

MA lettre à la fin est escrite,
Mais que vois-je, ô bons Dieux! n'est-ce pas Hipolite?

ROBIN.

Hipolite elle-mesme, auancez, mal émû.

à Iacinte.

Que disois-je? de joye il est si preuenu
Qu'il a changé de notte au moment qu'il l'a veuë

Le second NICANDRE.

Madame, à vostre aspect ie me sens l'ame émeuë.

ROBIN *à Iacinte.*

L'ame émeuë! entends-tu? sans amour l'auroit-on
Que t'en semble?

IACINTE.

Il le dit d'vn assez vilain ton.

HIPOLITE.

Si d'vn cœur qui vous aime on vous fait vne offrande...

Le second NICANDRE.

Ie veux dans vne fille vne vertu plus grande;
Et quand d'autres que vous ne me charmeroiét p
Vostre extreme foiblesse auilit vos appas.
A ne pas vous connaistre & voir vostre visage

I'aurois pû vous aymer si i'eusse esté volage;
Mais fussay-je volage, à vous connoistre mieux
Vous seriez la derniere à surprendre mes yeux.
Ie vous fais par pitié d'equitables reproches.

IACINTE.

Robin!

ROBIN.

Ie suis penaud comme vn fondeur de cloches.

IACINTE.

Tu disois....

ROBIN.

Ie disois; mais ie ne dis plus rien.

IACINTE.

Quoy le traistre....

ROBIN.

Il est fou, ne le vois-tu pas bien;
Il fait bon se fier à de semblables drilles?

IACINTE.

Est-ce comme cela que l'on traite des filles?
Le perfide.....

ROBIN.

Il est fou, ie te l'ay déja dit.

HIPOLITE.

Ton brutal procedé rend mon cœur interdit....

Le second NICANDRE.

Et le vostre me choque, & le vostre m'estonne,
Ie suis hôteux pour vous de ce qu'on m'emprisōne
Ie ne suis dans ce lieu que par vostre moyen,
Mais aussi...

HIPOLITE.

Quoy, mais?

Le second NICANDRE.

Mais....

ROBIN.

Mais vous ne valez rien.

Le second NICANDRE.

I'ay de la quereller vn suiet raisonnable,
Tu sçais....

ROBIN.

Que les menteurs sont les enfans du Diable,
Et pour cette raison je vous fais à sçauoir
Que Monsieur vostre pere est vn pere fort noir,
C'est Ismene en ce lieu qui vous a fait conduire
Menteur.

HIPOLITE.

Point, c'est moi-même & ie cherche à lui nuire;
Loin de le déguiser i'en demeure d'accord.

IACINTE.

Vn habile sauteur pour le craindre si fort.
Ma foy!

HIPOLITE.

Ie t'ay fait prendre, & non pas ton Ismene
Perfide.

Le second NICANDRE.

Elle est trop bonne, & vous estes trop vaine;
Mon sort est déplorable, & mon sort seroit doux
Si c'estoit mon Ismene aussi bien que c'est vous
Méchante.

IACINTE *à Robin.*

Qu'il est traistre! & qu'il a de malice!

ROBIN.

Feu Iudas prés de luy n'eut esté qu'vn nouice;

S'ils se fussent connus celuy-cy l'eut forcé
A venir de sa bouche écouter l'A,B,C.
Il a fait tout son cours à l'Ecole traitresse,
D'autres nomment trahir ce qu'il appelle adresse;
Et si de ce qu'il sçait ie sçauois les trois quarts
Au plus tard dans trois iours ie serois Maistre és Arts.
Il est sçauant.

HIPOLITE.

Dy-moy ce que tu veux resoudre,
Apprend-moy . . .

Le second NICANDRE.

Dans vos mains ie pourrois voir la foudre
En redouter la cheute, en sentir les éclats,
Et la peur de perir ne m'ébranleroit pas.
I'ayme Ismene, ie l'ayme, & non pas Hipolite,
I'ayme Ismene....

HIPOLITE.

C'est trop, ton audace m'irrite,
Traistre. Tu sçais Iacinte où mon pere m'attend?

IACINTE.

Ouy ie le sçais Madame, & ie vais à l'instant....
Il preuient mon voyage, & le voila qu'il entre.
Voyez.

SCENE X.

ISIDORE, HIPOLITE, ROBIN.
Le second NICANDRE, IACINTE.

ISIDORE *entrant.*

DEs forfaicteurs c'est donc icy le centre?
Nicander....

HIPOLITE.

De l'ingrat le mépris est trop grand;
A toute ma tendresse il est indifferend,
De son perfide cœur la fierté me rauale,
Et vousdeuez...mais Dieux i'apperçois ma Riuale,
Elle vient.

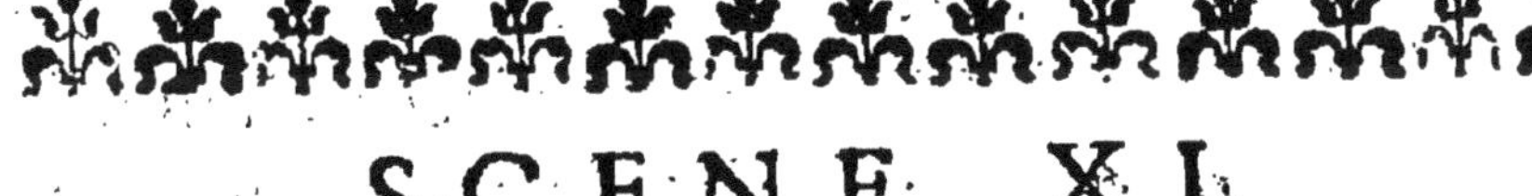

SCENE XI.

ISMENE, EVTROPE, ISIDORE,
HIPOLITE, *Le second* NICANDRE,
ROBIN, IACINTE,
RAGOTIN.

ISMENE.

INfidelle, il est temps de parler.

HIPOLITE.

Volage, il n'est plus temps de rien dissimuler.

ROBIN.

S'il s'en peut demesler il n'est pas mal-habile.

Le second NICANDRE *à Eutrope.*

Monsieur. ..

ISMENE.

Tu cherches, traistre, vne ruse inutile;
Tu n'abuseras plus ny mon pere, ny moy.

Le second NICANDRE.

Vostre pere ! Madame, est-ce vous que ie voy!
Est-ce Ismene!

ROBIN.

Nenny, c'est vne autre. Ah le traistre!

Le second NICANDRE.

Est-ce Ismene!

ISMENE.

Tu feins de ne pas me connaistre
Lasche.

ROBIN.

C'est vn fin Merle, il sçait bien d'autres tours.

HIPOLITE *à Isidore.*

Parlez; souffrirez-vous qu'il luy parle toujours?

ISIDORE.

Sois mon Gener, Immond, ou descends au sepulcre,
Tu vois bien que ma fille est passablement pulcre;
Sois mon Gener, sinon.....

EVTROPE.

Mais ma fille a sa foy!

ISMENE.

L'ay-ie pas, volage?

Le second NICANDRE.

Ouy.

HIPOLITE.

L'ay-je pas aussi, moy?

Le second NICANDRE.

Non?

HIPOLITE.

Non traistre! Oses-tu ....

ISMENE.

Ie sçay qu'elle te touche,

Ie le sçay.

Le second NICANDRE.

Vous?

ISMENE.

Moy.

Le second NICANDRE.

Vous?

ISMENE.

Ie le sçay de ta bouche

Effronté.

Le second NICANDRE.

Vous, Madame? ô grands Dieux qu'est-ce cy!

IACINTE.

Ie le sçais aussi, moy.

RAGOTIN.

Moy ie le sçais aussi.

ROBIN.

Si pas vn de ceux là ne vous semble croyable,
Ie le sçais aussi, moy, témoin irreprochable,
Ie le sçais.

Le second NICANDRE.

Quoy Robin, quoy i'aurois consenty....

ROBIN.

C'est dire en mots couuerts tout le mõde a menty!

Le second NICANDRE.

Tu n'as point de raison, car tu dois faire entẽdre....

ROBIN.

I'auray tort si ce lieu loge plus d'vn Nicandre.
Voyons.

Le second NICANDRE.

Mais....

ROBIN.

Mais voyons. Ho Nicandre! i'ay tort
Comme il répond. Nicandre! est-ce pas assez fort?
Ho Nicandre! écoutez caterreuse ceruelle,
I'ay tort.

SCENE DERNIERE.

Le premier NICANDRE, *Le 2.* NICANDRE, EVTROPE, ISIDORE, HIPOLITE, ISMENE, IACINTE, ROBIN, RAGOTIN.

Le premier NICANDRE.

QVi donc encor est-ce là qui m'appelle?

ROBIN.

Qui Diable est celuy-cy qui s'en viẽt droit à nous?

Le second NICANDRE.

Que vois-ie?

Le premier NICANDRE.

Qu'apperçois-je ?

Le second NICANDRE.

Est-ce vous ?

Le premier NICANDRE.

Est-ce vous?

Le second NICANDRE.

Quoy mon frere est icy !

Le premier NICANDRE.

Quoy ie vous voy paroistre!

ROBIN.

Dites-moy s'il vous plaist qui des deux est mon
Maistre.

ISMENE.

Dites-moy qui des deux m'a fait don de sa foy.

HIPOLITE.

Dites-moy qui des deux s'est pû donner à moy.
Est-ce vous? Est-ce vous ? rẽdez m'en plus instruite,
Qui des deux ...

Le premier NICANDRE.

C'est-moy-mesme, ô ma chere Hipolite,
C'est moi qui dãs l'espoir de me voir vôtre Epoux..

Le second NICANDRE *à Ismene.*

Hé bien, suis-je Madame infidelle pour vous?
Rendez-moy vôtre amour, reprenez vostre haine

ISMENE.

Mais lors qu'on vous a pris dans le Cours de la
Reyne.....

Le premier NICANDRE.

Luy Madame ? c'est moy qu'on a pris dans ce lieu

IACINTE.

Tout va le mieux du monde, ou ie me dóne à Dieu
Car aucun contre aucun n'aura sujet de plainte.

ROBIN.

Puisqu' Ismene est aymée, Hipolite, & Iacinte,
Sans nous embarrasser d'aucune autre raison
Prenons chacun la nostre, & sortons de prison.
Que dis-tu de l'auis, dy-moy donc ma petite?

Le second NICANDRE.

Pour moy, j'adore Ismene.

Le premier NICANDRE.

Et j'adore Hipolite.

Le second NICANDRE.

Pourrõs nous estre à vous, & souffrirez vous bien.

ISMENE.

Demandez à mon pere.

HIPOLITE.

Et demandez au mien.

EVTROPE.

Puis qu'il est si sincere, il a droit de pretendre
Et le nom de mon fils, & le nom de mon gendre;
Et si touchant sa fille Isidore m'en croit
Enuers l'autre Nicandre il fera ce qu'il doit.

ISIDORE.

Que Nicander la Sponde, & foy do Philosophe,
e seray Beneuole enuers sa catastrophe;
'est le cœur qui le dit, & s'il est trop obscur
bundantia cordis os loquitur.

Le premier NICANDRE.

Quelles graces vous rendre! vne gloire parfaite....

ROBIN.

[illegible]-moy les talons, vostre besongne est faite [illegible]. Toy que dis-tu?

IACINTE.

Moy? ce que tu voudras.

ROBIN.

Ie t'ayme bien, & toy?

IACINTE.

Moy? ie ne te hay pas.

ROBIN.

Ie me veux marier aussi bien que mon Maistre,
Et toy, dy?

IACINTE.

Dis-tu moy? je voudrois déja l'estre.

ROBIN.

Ie te veux, me veux-tu? concluons tout icy.

IACINTE.

Ma foy, si tu me veux, ie te veux bien aussi.

ROBIN.

Tocque-là.

IACINTE.

Tien.

ROBIN *aux deux Nicandres.*

Et vous auant vostre sorti[e]
Allez dans vne Chambre y conter vostre vie,
Et faites qu'en tous lieux on vous louë en ce poi[nt]
Qu'on vous à crû MENTEVRS, & vous [ne]
MENTIEZ POINT.

FIN.

m.

www.ingramcontent.com/pod-product-compliance
Ingram Content Group UK Ltd.
Pitfield, Milton Keynes, MK11 3LW, UK
UKHW021236230726
13926UKWH00003B/1479

9 782014 428612